贵州省大数据发展管理局
国家工业信息安全发展研究中心 | 主编

数实相融助力数字经济高质量发展

——以贵州省“万企融合”大行动为例

DEEP INTEGRATION OF BIG DATA AND THE REAL ECONOMY TO PROMOTE HIGH-QUALITY DEVELOPMENT OF THE DIGITAL ECONOMY

TAKING THE GREAT ACTION OF "INTEGRATING BIG DATA WITH THOUSANDS OF ENTERPRISES" IN GUIZHOU PROVINCE AS AN EXAMPLE

社会科学文献出版社
SOCIAL SCIENCES ACADEMIC PRESS (CHINA)

指导委员会

胡建华　贵州省大数据发展管理局党组书记、省信息中心党委书记

景亚萍　贵州省大数据发展管理局局长

赵　岩　国家工业信息安全发展研究中心主任、党委副书记

娄　松　贵州省大数据发展管理局党组成员、副局长

李　刚　贵州省大数据发展管理局党组成员、副局长

何小龙　国家工业信息安全发展研究中心副主任

编写课题组

执行主编　焦德禄　孙　沛　韩朱旸　马冬妍

编写人员　吴启疆　项江海　陈　昱　洪　浩　刘　珂

张　涛　周廷斑　师丽娟　张元猛　葛诗春

赵珏昱　苏泳睿　李立伟　吴亚楠　黄籽渝

张宏博　申　林　黄元嫄　孟　琦　高欣东

付宇涵　秦会云　王茂安　杨凯博　高琳涵

前　言

发展数字经济，促进数字经济和实体经济深度融合，是发挥数据要素乘数倍增作用的重要途径，也是把握新一轮科技革命和产业变革新机遇的战略选择。党中央、国务院高度重视数字经济发展。党的十九大提出，要推动互联网、大数据、人工智能和实体经济深度融合。党的二十大提出，要加快发展数字经济，促进数字经济和实体经济深度融合。习近平总书记多次对数字经济发展作出重要指示，强调要充分发挥海量数据和丰富应用场景优势，促进数字技术和实体经济深度融合，赋能传统产业转型升级，催生新产业新业态新模式，不断做强做优做大我国数字经济，这为新时期推动我国数字经济高质量发展指明了前进方向。

党中央、国务院对贵州数字经济发展寄予厚望。2021 年 2 月，习近平总书记亲临贵州视察，赋予贵州“在实施数字经济战略上抢新机”的重大使命。2022 年 1 月，国务院印发《关于支持贵州在新时代西部大开发上闯新路的意见》，明确贵州“数字经济发展创新区”的战略定位，要求贵州推动数字经济与实体经济融合发展，为产业转型升级和数字中国建设探索经验。贵州省委、省政府认真学习贯彻习近平总书记关于数字经济发展重要论述和视察贵州重要讲话精神，党政主要领导对数字经济发展各项工作亲自研究、亲自部署、亲自推动，特别是把数实融合工作摆在重中之重的位置，自2018年起，连续5年在全省范围内实施“万企融合”大行动，累计形成融合标杆项目516个、融合示范项目5507个，带动1万多家企业实施数字化融合升级、2.5万家企业乘“云”而上，贵州大数据与实体经济深度融合发展进程总体由初级阶段迈入中级阶段，数字经济增加值占全省GDP比重达39.1%，五年来与全国平均水平差距缩小了8.1个百分点，其中，全省产业数字化（融合）部分产值占数字经济总量近90%，对贵州数字经济增速连续7年位居全国第一起到了至关重要的支撑作用。同时，贵州在工作中逐渐积累形成了实施融合改造的标准指南，联合国家工业信息安全发展研究中心在全国首创编制《大数据与实体经济融合评估规范　第1部分：总则》地方标准，率先研制《贵州省大数据与实体经济深度融合实施指南》并在全国“两化融合暨工业互联网大会”上发布推广。贵州推动大数据与实体经济深度融合的做法和经验，得到了各级领导和广大业界的充分认可，在国务院第四次大督查中作为典型案例面向全国推广。

本书以贵州省“万企融合”大行动为切入点，基于贵州省大数据与实体经济深度融合评估数据（2018~2022年）进行追踪研究，一方面从总体篇、成效篇、展望篇三个篇章系统性呈现“万企融合”大行动实施以来贵州省数字经济发展图景，另一方面全面剖析了贵州省各地区、各产业融合发展基础与重点举措，特别是基于包括三次产业统计基本名录企业在内的4.6万家企业的1000多万项数据，跟踪挖掘贵州省五年来的融合特征模式与价值成效，提炼数实融合的“贵州模式”，为下一步持续深入推进数实融合发展提供经验和参考。

本书以企业为主体进行数据采集。其中第一产业主要涉及农业服务公司、农业开发公司、农业科技公司、农业商贸公司，不涉及合作社、农户、养殖户等；第二产业以规模以上企业为主，不涉及家庭作坊式小工厂等；第三产业主要涉及物流、贸易、销售等各类生产和生活类服务业企业，不涉及个体工商户和小商贩等。在评估工作中，样本选取充分考虑到行业、区域、规模等维度的企业分布情况，评估结果能够较为科学、全面、客观地反映出贵州省大数据与实体经济深度融合发展现状。

本书在编写过程中得到了清华大学、北京航空航天大学、中国科学院科技战略咨询研究院、中国核工业集团有限公司、贵州省发展和改革委员会、贵州省教育厅、贵州省科学技术厅、贵州省工业和信息化厅、贵州省财政厅、贵州省人力资源和社会保障厅、贵州省农业农村厅、贵州省商务厅、贵州省文化和旅游厅、贵州省能源局、贵州省统计局、贵州省乡村振兴局、贵州省投资促进局、贵州省中医药管理局、贵州省供销合作社联合社、贵州科学院以及贵州省各级大数据发展主管部门、相关科研院所和重点企业的帮助与支持，在此一并表示感谢，同时向为本书提供观点、论述、意见的各行业领域专家学者致谢。篇幅所限，未能穷尽，敬请谅解。

目录

CONTENTS

总体篇

“万企融合”谋新篇，和衷共济累硕果

成效篇
“数实耕耘”奋五载，产业转型深实效

展望篇
踵事增华续篇章，数实相融启新程

附　录

总体篇

“万企融合”谋新篇，和衷共济累硕果

第一章
“万企融合”大行动综述

一　行动背景

近年来，新一轮科技革命和产业变革深入发展，由新一代信息技术相互融合而形成的大数据技术体系正蓬勃兴起，掀起了21世纪的全新技术革命——第四次工业革命。在创新驱动发展战略及供给侧结构性改革等共同作用下，大数据技术体系快速渗透至经济社会各领域，与传统行业深度融合，培育出经济发展新增长点与新动能，促进经济结构优化升级，进一步推动经济由高速增长向高质量发展迈进。

（一）新要素新引擎积极涌现，融合发展势在必行

社会生产力的变革，必然引起生产关系、社会结构等发生相应变化。从小农经济、工场手工业、机器大工业到数字经济万物互联，生产力的发展随时代的变迁不断积累创新，呈现知识化、智能化的演进规律。党的十九届四中全会通过的《中共中央关于坚持和完善中国特色社会主义制度　推进国家治理体系和治理能

力现代化若干重大问题的决定》提出，“健全劳动、资本、土地、知识、技术、管理、数据等生产要素由市场评价贡献、按贡献决定报酬的机制”，首次将数据列为与劳动、资本、土地、知识、技术、管理并列的生产要素。2020 年 4 月，中共中央、国务院印发的《关于构建更加完善的要素市场化配置体制机制的意见》进一步提出，加快培育数据要素市场，提升社会数据资源价值。

生产要素历代演变，数据要素凸显活力。从历史规律看，生产要素的表现形态随着经济发展不断丰富，从农业经济时代的“劳动”和“土地”，到第一次工业革命后的“资本”以及工业生产规模扩大时期的“管理”，再到第三次工业革命后的“技术”，决定性生产要素也在不断发生变化。2013 年，习近平总书记提出“谁掌握了数据，谁就掌握了主动权”。近年来，在第四次工业革命的浪潮下，数据要素作为数字经济最核心的资源，具有可共享、可复制、可无限供给等特点，打破了土地、资本等传统生产要素有限供给对经济增长推动作用的制约。它不仅能够优化传统要素的生产结构，提升企业生产能力及效率；还能依托相关数字技术实现全方位、深层次的数据互联互通，持续完善产业链和价值链，实现产业结构转型升级。

生产力日益进步，数字生产力应运而生。生产力是推动社会进步的最活跃、最革命的要素，生产力发展是衡量社会发展的根本性标准。在数字经济时代，数据是新的生产要素，是基础性资源和战略性资源，也是重要生产力。从生产力三要素看，体力型劳动者逐渐转化为知识型劳动者；具有智能化、数字化、信息化、虚拟化等特点的知识密集型劳动资料（如计算机、新一代信息技术和人工智能等）代替传统的土地和机器设备；数据、知识和信息等新型劳动对象代替传统的资源与合成品。至此，以数据要素为核心的生产力应运而生。

生产关系解构重塑，数据融合势不可当。生产力决定生产关系，数字生产力的出现和发展必然解构和重构生产关系。解构和重构生产关系的过程就是新型生产要素不断渗透、替代原有的生产要素，打破旧的常识、规则，瓦解旧的经济形态，建立新的常识、规则，形成新模式、新业态、新形态的过程。有别于具有较强的互补性和溢出效应的土地、资本等要素，大数据通过对其他要素的耦合、渗透、改造、提升等赋能过程，形成新的要素组合和要素结构，推动了全要素生产率的爆发式增长。如产业数字化就是利用大数据、人工智能等技术调整了传统要素的配置方式，将大数据、信息等新型生产要素与传统要素融合，实现传统要素配置效率的提升。大数据与实体经济的融合势不可当，必将显著促进生产效率提升、生产结构优化与转型，带动生产力的飞速发展，为中国经济高质量发展注入新动能。

（二）大数据技术蓬勃发展，产业融合空间广阔

随着大数据技术的高速发展，数据计算及存储能力大幅提高，数字技术向农业、工业、服务业等领域不断渗透。

在农业领域，“3S”技术（遥感技术、地理信息系统以及全球定位系统）催生了众多农业数字化应用场景，如气象预测、灾害预警、农田定位等。自2015年以来，全球智慧农业进入以数据为核心要素的新发展阶段，主要发达国家和地区围绕智慧农业开展了一系列战略行动，推动了智慧农业由研究开发向实质性工程建设转变。2018年，中共中央、国务院印发《关于实施乡村振兴

战略的意见》，提出大力发展数字农业，实施智慧农业林业水利工程，推进物联网试验示范和遥感技术应用，描绘乡村振兴道路的宏伟政策蓝图。2021 年和 2022 年中央一号文件明确提出开展数字乡村试点、实施数字乡村建设发展工程，数字技术在农业领域的应用不断深化。

在工业领域，自动化进程起步较早，在工业网络化之前，工业领域就已经历了机械化及电气化时代。2012 年，工业互联网概念被提出，通过构建精准、实时、高效的数据采集互联体系，工业制造由单点智能向全局智能发展。2013 年，大数据技术的飞速发展推动了工业大数据的发展进程，工业 4.0 概念问世，全面智能制造时代到来。近年来，我国大数据、云计算、人工智能等新一代信息技术在工业领域的应用不断深化，截至 2022 年，我国工业互联网标识累计注册量超过 2139 亿个，日解析量 1.2 亿个，服务企业超过 20 万家，覆盖 29 个省（区、市）和 38 个重点行业，全国"5G+工业互联网"在建项目超过 4000 个。①

在服务业领域，大数据技术的爆发式增长推动传统行业纷纷迈入数字融合阶段，传统服务业开始向智慧零售、智慧金融、智慧教育、智慧医疗、智慧旅游、智慧交通等数字服务行业转型，已有多个国家开展了相关尝试。在**智慧教育**方面，日本政府于 2009 年制定《i-Japan 战略 2015》，指出需要以网络化为基础，深化信息技术在教育中的应用；韩国教育科学技术部在 2011 年颁布《智慧教育推进战略》，从教育信息化视角指出智慧教育是未来教育的发展蓝图；在我国，党的二十大首次将"推进教育数字化"

① 本书如果没有特别说明，数据均来自国家统计局、工业和信息化部、贵州省人民政府、贵州省工业和信息化厅、贵州省农业农村厅、贵州省文化和旅游厅、贵州省大数据与实体经济深度融合测评服务系统。

写入报告，加快教育数字化转型，依托大数据、云计算等数字技术提升教育发展质量，建设教育强国。在**智慧医疗**方面，美国、欧洲和日本等国家和地区凭借较强的科技实力、丰富的医疗资源和稳固的产业基础率先开展智慧医疗的研究和实践。美国微软、谷歌、苹果等科技巨头纷纷进军智能医疗产业，植入式医疗设备、大型成像诊断设备、远程诊断设备和手术机器人等智慧医疗设备的技术水平世界领先。近年来，中国智慧医疗市场需求高速增长、规模迅速扩张，已是仅次于美国的全球第二大市场，且仍具有巨大的增长空间。基于市场发展和政策引导，医疗大数据资源的开发应用不断丰富，电子病历、电子医保、病例数据库、病情发展预测等应用持续普及，在新冠疫情期间发挥了巨大作用。在**智慧交通**方面，旅游观光巴士广泛使用 GPS，中国香港等城市的交通一卡通还兼具便利店及自动售货机消费功能，部分国家开发设计了“风景导航”系统，旅游车的电视监视器可根据位置自动显示附近景点的动态视频。2021 年 10 月 25 日，交通运输部印发《数字交通“十四五”发展规划》，将数据作为数字交通发展的核心驱动力之一，让数据资源在综合交通运输体系中发挥“大脑”作用。

（三）国家大数据战略蓄力驱动，贵州试验区深耕践行

1. 国家战略领航大数据发展新征程，数字经济繁荣发展方向明确

大数据极大地加速了经济发展的质量变革、效率变革和动力变革，为全球经济增长注入新动力。推动大数据产业持续健康发展，是党中央、国务院作出的重大战略部署，是实施国家大数据战略、实现我国从数据大国向数据强国转变的重要举措。自 2015

年以来，党中央、国务院颁布的多项政策都明确指出要深化大数据在各行业的创新应用，探索与传统产业协同发展新业态新模式。2015 年 10 月《中共中央关于制定国民经济和社会发展第十三个五年规划的建议》首次提出实施国家大数据战略。2017 年，党的十九大报告明确提出，推动互联网、大数据、人工智能和实体经济深度融合。2022 年，党的二十大报告进一步强调加快发展数字经济，促进数字经济和实体经济深度融合，打造具有国际竞争力的数字产业集群。

数字经济是人类社会发展进步的智慧结晶，也是世界各国共同发展的重大机遇。中国数字经济的发展促进了全球化开放共享、深度合作、优势互补，无论是 G20 杭州峰会制定的《二十国集团数字经济发展与合作倡议》，还是第四届世界互联网大会形成的《“一带一路”数字经济国际倡议》，都致力于实现互联互通的“数字丝绸之路”。与此同时，中国在大数据、云计算、人工智能、共享经济等领域的新技术和新业态不断涌现，尤其是移动支付和共享单车，不但创造出新的产业和经济增长点，更为全球数字经济的发展提供了“中国样板”，使数字经济更加普惠、更加交融。

2. 大数据综合试验区多点开花，数字经济发展迅速

自 2015 年大数据正式上升为国家战略以来，为贯彻落实国家大数据战略，加快大数据创新应用，促进大数据要素流通，加强数据中心整合利用，强化大数据交流合作，国家先后批复了京津冀、珠江三角洲 2 个跨区域类综合试验区，贵州省、上海市、河南省、重庆市、沈阳市等 5 个区域示范类综合试验区，内蒙古 1 个大数据基础设施统筹发展类综合试验区，鼓励地方先行先试，探索大数据发展模式、道路和可复制经验。各试验区也充分发挥地理、产业、技术和政策等优势积极筹建大数据产业园，有效布局大数据产业。**京津冀**打造以北京为创新核心、以天津为综合支撑、以河北五市为应用拓展的大数据产业一体化格局，形成稳定的跨区域大数据产业生态。**珠三角**在功能上形成了“一区两核三带”的总体布局，带动泛珠三角各行政区以及共建“一带一路”相关国家在大数据领域开展深度战略合作。上海在全国首个政府数据服务网站基础上提出“五位一体”的规划布局，即“交易中心+创新基地+产业基金+发展联盟+研究中心”。**河南**中心城市城乡一体化示范区、产业集聚区、服务业“两区”，规划布局了18个大数据产业园区，吸引大数据企业相继入驻，“一核多园”布局基本形成。全国首个农村大数据应用平台公司——重庆农村大数据投资股份有限公司落户**重庆**，打造“立足重庆、辐射西南、面向全国”的农村信息化数据资源中心，形成“数聚中国，云惠民生”的国家级平台。**沈阳**探索了以“一体两翼”为核心的智慧城市和大数据发展之路：以智慧城市建设为两翼，为大数据持续创新发展提供需求牵引和应用牵引，形成沈阳模式创新之路。**内蒙古**大数据装机能力居全国首位。截至2022年底，全区有数据中心企业47家，累计签约投资规模突破1650亿元，投运数据中心企业25家，服务器总装机能力超过156万台，服务器承载能力达到200万台，筑牢数字经济发展的基础设施，为内蒙古大数据产业的快速发展奠定了良好基础。

3. 贵州优势得天独厚，“万企融合”借势而进

由于年均气温较低，能源矿产资源丰富，贵州省具有发展大数据的独特优势。在贵州省明确的目标定位及国家政策的有力扶持下，贵州成为首个国家大数据综合试验区，为区域性大数据基础设施的整合和数据资源的汇聚应用提供广袤试验田。

贵州拥有得天独厚的发展环境。首先，贵州地质构造稳定。贵州中部地层发育齐全、地壳相对稳定，发生破坏性地震的可能性极低，能最大限度地保证大数据中心远离地质灾害。其次，贵州区位优势显著。贵州毗邻华中，是发达的华南进入西南的必经之路，又处于大西南南下出海的交通枢纽位置，有利于打造立足西南、辐射全国、影响东南亚的大数据创新发展先行区。再次，贵州生态气候优良。信息产业的发展对于生态气候条件有着自身特有的要求，平均气温低，便于处理和存储数据的服务器有效冷却。在贵安新区周边，年平均气温15.1℃，夏无酷暑，冬无严寒，空气清新，海拔适中，同样对于数字人才具有较强的吸引力。最后，贵州能源矿产丰富。贵州作为南方重要的能源基地，是“西电东送”的源头，能源资源优势突出，既有巨大的煤矿储量又有丰富的水利资源作支撑。贵州在制造电子元件所需的铝、钾、锰等多种矿产方面的储量在全国名列前茅，这为大数据产业发展提供了又一有力保障。

改革开放及西部大开发战略实施以来，贵州持续受到党中央、国务院的关注。2012年1月，国务院出台《关于进一步促进贵州经济社会又好又快发展的若干意见》（国发〔2012〕2号），为贵州省发展指明战略定位，提出重点发展电子元器件、软件、混合集成电路等产业，支持发展新一代移动通信技术相关产业。同时，贵州省也敏锐察觉到大数据产业将带来的新机遇。2014年，贵州省委、省政府把发展大数据产业上升为全省战略，把大数据作为产业创新、转型升级的战略选择，从夯实数据基础、推进产业应用、人才支持等方面着手，为大数据发展筑牢制度保障。陆续出台了《贵州省大数据发展应用促进条例》《省人民政府关于加快区块链技术应用和产业发展的意见》《省人民政府印发〈关于加快大数据产业发展应用若干政策的意见〉、〈贵州省大数据产业发展应用规划纲要（2014—2020年）〉的通知》等一系列政策文件，为贵州省大数据产业的发展提供制度保障。

2015年2月，经工业和信息化部批准，贵阳、贵安新区共同创建首个国家级大数据产业发展集聚区，标志“中国数谷”正式落户贵阳。2015年8月，《国务院关于印发促进大数据发展行动纲要的通知》（国发〔2015〕50号）提出，支持贵州等综合试验区建设，要求试验区以国家大数据战略为指导，围绕解决大数据发展面临的主要问题，在数据资源管理与共享开放、数据中心整合、数据资源应用等方面开展系统性试验。2016年2月，国家发改委、工业和信息化部、中央网信办批复同意贵州省建设国家大数据（贵州）综合试验区，强调以贵州省为试验区开展大数据产业聚集试验，积极培育大数据产业生态体系，发展大数据核心业态、关联业态和衍生业态。2018年2月，贵州省政府印发《贵州省实施“万企融合”大行动打好“数字经济”攻坚战方案》，明确在全省实施“万企融合”大行动，打好“数字经济”攻坚战，为贵州推动数字经济与实体经济深度融合指明前进方向。

二 重点工作

为认真贯彻习近平总书记对贵州工作重要指示批示精神，坚决落实党的十九大提出的“推动互联网、大数据、人工智能和实体经济深度融合”及二十大提出的“加快发展数字经济，促进数字经济和实体经济深度融合”精神，贵州省委、省政府自2018年以来在全省大力实施“万企融合”大行动，运用大数据技术、理念、方法，推动传统产业数字化、网络化、智能化转型。全省大数据与实体经济深度融合发展水平稳步提升，融合发展水平从2018年的36.9提升到2022年的44.5，2022年企业整体成本费用利润率和销售利润率平均同比提升0.79个、0.97个百分点，贵州运用大数据推动传统企业转型升级的做法，成为国务院第四次大督查中的典型经验。

（一）全面实施“万企融合”，数据赋能谋新篇

目标任务超额完成。2018年，贵州省政府印发《贵州省实施“万企融合”大行动打好“数字经济”攻坚战方案》，提出2018~2022年，每年建设100个融合标杆项目，实施1000个融合示范项目，到2022年累计带动10000家以上实体经济企业与大数据深度融合，数字经济增加值占GDP比重达到33%，推动实体经济数字化、网络化、智能化转型。截至2022年底，全省累计建成516个融合标杆项目，实施5507个融合示范项目，带动10574家实体经济企业与大数据深度融合。贵州省通过推动大数据融合，一方面推动实体经济转型升级，为传统产业赋能；另一方面在融合服务中推广软件产品和服务方案，努力催生新模式新业态，加快壮大融合服务商和软件企业。从对数字经济贡献看，贵州省数字经济增速已经连续七年排名全国第一，数字经济增加值占GDP比重达到39.1%，超额完成占比33%的预

期目标。产业数字化部分对整个数字经济贡献近90%，大数据与实体经济融合成为贵州数字经济发展和产业转型升级的新引擎。

工作举措得到国家认可。理论实践争先创优。基于实践积累，贵州省联合国家工业信息安全发展研究中心，在全国首创编制大数据融合领域地方标准《大数据与实体经济融合评估规范》中，把评估领域从工业拓展到三次产业，五年来共出具8.5万份企业评估报告，基本覆盖各行业规模以上企业；配套研制首个大数据实践融合应用指南《大数据与实体经济深度融合实施指南》，在全国“两化融合暨工业互联网大会”上发布推广；贵州成为全国首批开展数据管理能力成熟度评估模型（DCMM）贯标试点地区。中国电子信息行业联合会发布的数据显示，贵州省通过国家数据管理认证企业数量排名全国第8，其中三级及以上比例（46.3%）比全国水平（19.1%）高27.2个百分点。贵州省“万企融合”做法入选国家发改委“数字经济百项应用场景”；“贵州省建立大数据与实体经济深度融合评估体系助推数实精准融合”及“贵州省创新发放‘云使用券’多措并举激励‘企业上云’”被国家发改委作为典型案例向全国推广；“贵州省开展大数据与实体经济深度融合的转型之路”经验做法入选工业和信息化部《数字化转型干部读本》；贵州省数字经济提升行动系列培训会诊服务入选工业和信息化部《中小企业数字化赋能服务产品及活动推荐目录（第二期）》。

融合水平稳步提升。贵州省2022年大数据与实体经济深度融合发展水平达到44.5，相比2018年增长了20.6%（见图1-1）。

在融合进程上，2022 年，贵州省 12.9%的企业处于高级（创新突破）阶段，50.1%的企业处于中级（汇集应用）阶段，37.0%的企业处于初级（起步建设）阶段。相较 2018 年，贵州省处在初级（起步建设）阶段的企业数量占比降低了 16.4 个百分点，处在中级（汇集应用）阶段的企业数量占比增加了 9.6 个百分点，处在高级（创新突破）阶段的企业数量占比增加了 6.8 个百分点，低、中、高占比由“金字塔”向更加平衡的“橄榄型”结构转变（见图 1-2）。

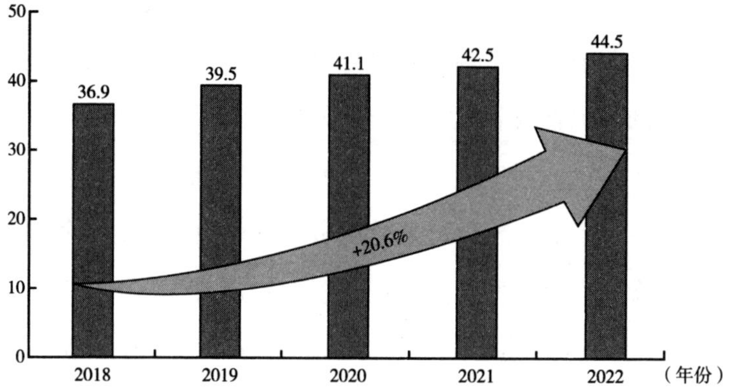

图 1-1　2018~2022 年贵州省大数据与实体经济深度融合发展水平

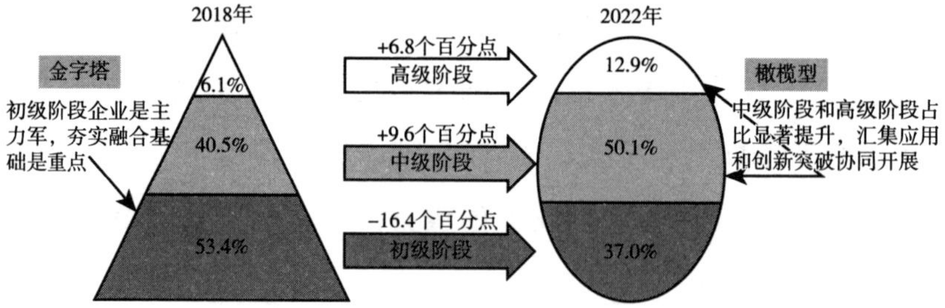

图 1-2　2018 年和 2022 年贵州省大数据与实体经济深度融合发展阶段

宏观环境全面优化。基础设施加速普及，2022 年贵州省 5G、物联网设施普及率提升幅度明显，工业园区 5G 基础设施普及率达到 99.1%，较 2021 年（91.3%）提升 7.8 个百分点；农业基地物联网基础设施普及率达到 31.4%，较 2021 年（12.3%）提升 19.1 个百分点；旅游景区 5G 基础设施普及率达 74.1%，较 2021 年（68.9%）提升 5.2 个百分点（见图 1-3）。财政支持向企业端推进，贵州省进一步推动企业数字化发展，2022 年地区政府支持企业信息化发展的资金比例为 2.4%，较 2021 年（1.5%）提升 0.9 个百分点。2022 年数字设施建设资金占比为 14.4%，较 2021 年（23.4%）降低 9.0 个百分点（见图 1-4），数字设施建设趋于完善。人才引进步伐加快，2022 年贵州省加大数字技术相关人才引进力度，通过“黔归人才计划”等多种政策引进人才，行政部门、事业单位等公有部门 2022 年共引进人才数量达 2909 人，较 2021 年（1958 人）提升了 48.6%，其中贵阳市公有部门引进人才数居于首位（见图 1-5），地区更加

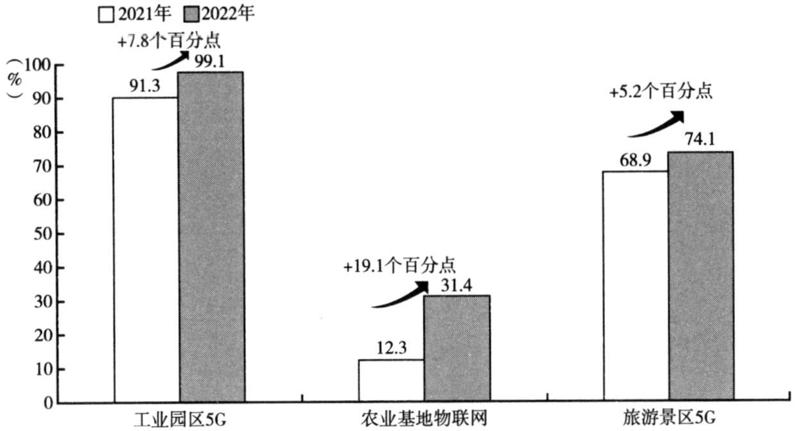

图 1-3 2022 年贵州省数字基础设施普及情况

重视数字经济管理人才的引进与培育。招商引资成果丰硕，2022年贵州省着力推动大数据融合产业招商引资大突破（见图 1-6），助推全省经济高质量发展，为全省大数据与产业深度融合注入强劲动力，招商引资金额达 205.4 亿元，超额完成 170 亿元的全年目标，较 2021 年（157.56 亿元）提升 30.4%。

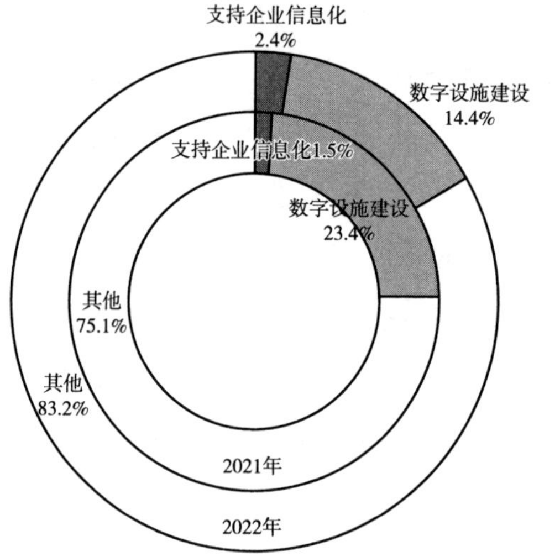

图 1-4　2021 年与 2022 年贵州省区（县）政府财政资金去向对比

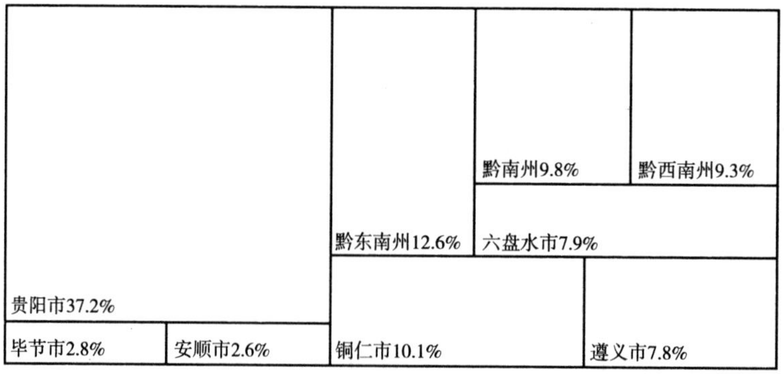

图 1-5　2022 年贵州省各市（州）数字技术相关人才引进数量占比

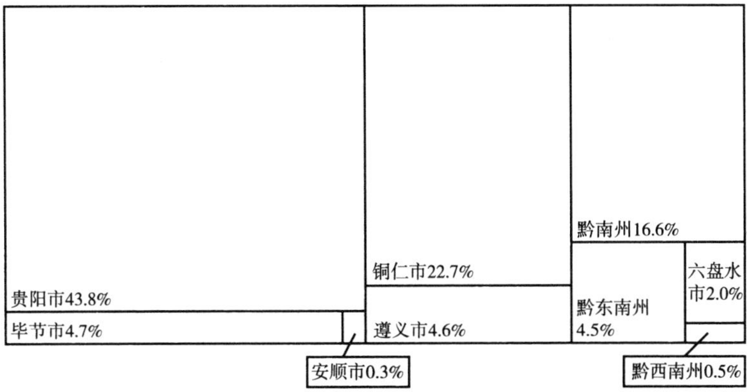

图 1-6 2022 年贵州省各市（州）大数据融合产业招商引资金额占比

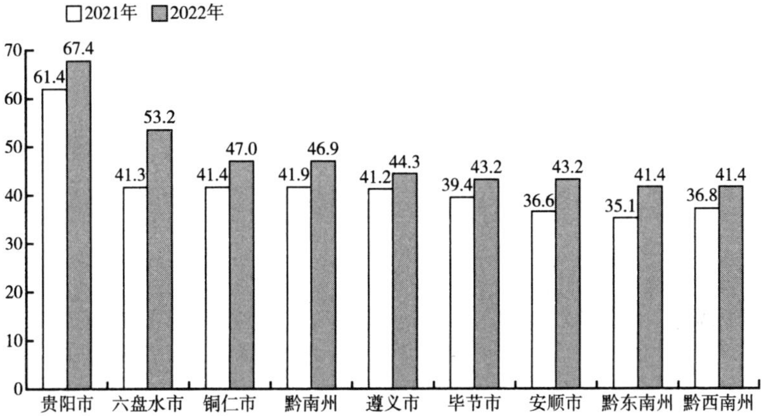

图 1-7 2021 年与 2022 年贵州省各市（州）大数据与实体经济深度融合宏观发展水平对比

注：宏观发展水平自 2021 年开始统计。

区域融合水平持续提升。贵州省不同区域因战略导向、经济基础、产业结构、资源禀赋等不同，融合发展的整体水平呈现明显的梯级分布特征，不同区域融合发展特征与模式也不尽相同。总体来看，贵阳市大数据与实体经济融合发展水平引领全省，市（州）级区域融合水平逐步提升且不平衡趋势趋于缓和（见图 1－8），88 个区（县）融合水平差距明显（见表 1-1）。

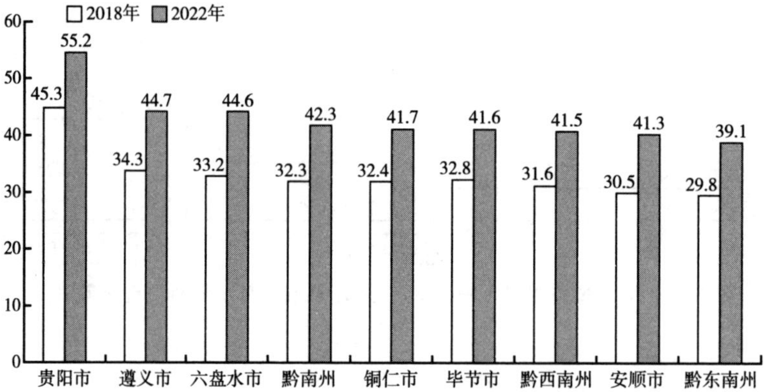

图 1-8　2018 年与 2022 年贵州省各市（州）大数据与实体经济深度融合发展水平对比

表 1-1　贵州省 88 个区（县）大数据与实体经济深度融合水平梯队

所属梯队	区(县)
第一梯队	观山湖区、南明区、云岩区、花溪区、红花岗区
第二梯队	兴义市、汇川区、碧江区、乌当区、凯里市、仁怀市、清镇市、水城区、龙里县、白云区、福泉市、都匀市、万山区、盘州市、西秀区、七星关区、平坝区、息烽县、播州区、钟山区、兴仁市、开阳县、修文县、黔西市、金沙县、惠水县、松桃苗族自治县、威宁彝族回族苗族自治县、习水县、织金县、大方县、瓮安县、六枝特区、思南县
第三梯队	桐梓县、石阡县、黎平县、普定县、贞丰县、独山县、普安县、赤水市、贵定县、纳雍县、德江县、绥阳县、镇宁布依族苗族自治县、晴隆县、沿河土家族自治县、玉屏侗族自治县、赫章县、印江土家族苗族自治县、安龙县、湄潭县、榕江县、长顺县、平塘县、正安县、关岭布依族苗族自治县、天柱县、从江县、凤冈县、务川仡佬族苗族自治县、罗甸县、道真仡佬族苗族自治县、江口县、锦屏县、台江县、册亨县、镇远县、荔波县、余庆县、岑巩县、施秉县、麻江县、三穗县、三都水族自治县、黄平县、丹寨县、雷山县、望谟县、剑河县、紫云苗族布依族自治县

（二）持续深化“三次产业”，主攻“四化”创新绩

1. 奋力推动“工业大突破”，新型工业化再创佳绩

2022年，在大数据与第二产业深度融合推动下，贵州省信息化与工业化融合（两化融合）发展水平为53.4，首次进入全国第二梯队，大数据与第二产业融合发展水平进一步提高到45.2，较2018年提升19.9%，在产业结构、产业发展、平台支撑等方面取得突破。

科创高新活力迸发。贵州省坚持引培结合，以大数据为引领，实施区域科技创新战略。围绕十大工业产业和战略性新兴产业高质量发展，强化财政资金引导，支持和鼓励工业企业实施一批辐射面广、带动力强、技术含量高的技术创新及成果转化项目。“十四五”以来，共培育认定省级制造业创新中心试点单位5家、省级制造业创新中心1家、省级企业技术中心50家、省级工业设计中心29家、省级技术创新示范企业19家、国家级技术创新示范企业3家。

产业发展增势强劲。贵州省抢抓行业机遇，深入实施工业倍增行动，新型工业化强力推进。2022年，贵州省新能源电池及材料产业增加值同比增长84.7%，计算机、通信和其他电子设备制造业增加值增长45.9%，高技术制造业、装备制造业增加值分别增长20.3%和11.0%，软件产品、嵌入式系统软件增加值分别增长101.6%、46.3%。全国一体化算力网络国家（贵州）枢纽节点和“东数西算”工程全力推进，贵阳大数据科创城集聚大数据及关联企业超过400家，华为数字经济创新中心落地贵州，华为云营业收入增长超过200%，软件和信息技术服务业收入增长

90.5%，电子信息制造业增加值增长45.9%。

工业互联网平台体系渐趋完善。贵州省初步形成覆盖区域、行业、企业的多层次平台体系，全省工业云平台应用率从2018年的38.4%上升到2022年的52.5%，位居全国第11。贵州“工业云”区域级平台汇聚2296个工业App、204款工业软件、260个解决方案；磷化工、电子信息等行业级平台形成一定影响力并获批工业和信息化部工业互联网创新发展工程资金支持，振华集团电子行业二级节点、南方电网能源行业二级节点建成并投用，茅台集团白酒行业二级节点建设顺利推进。

2. 凝力建设“智慧黔城”，新型城镇化再上台阶

贵州省将推进新型城镇化作为高质量发展的一项重点工作，积极推动新型城镇化和新型智慧城市建设，明确提出要建设运行高效的智慧城市，加强新型基础设施建设，深化城市数据资源共享，丰富智慧城市应用场景，为“智慧黔城”建设注入强大动力。

新型基础设施加速夯实。通过实施“信息基础设施三年大会战”“光网贵州、满格贵州、数聚贵州”“六网会战”等，截至2022年底，贵州省光缆长度达181万公里（其中，通信光缆长度累计达167万公里），与全国16个省（区、市）、32座城市实现骨干网络直联。已建成国家互联网骨干直连点、国际数据专用通道、根服务器镜像节点和国家顶级域名节点，成为全国少数的几个同时具备这三大信息基础设施的省份之一，全省累计建成5G基站8.43万个，每万人基站数超全国平均水平。“东数西算”工程全面启动，全省在建及投运重点数据中心31个，服务器承载能力超过225万台，规模走在全国前列，建成机架10.8万个（投用

5.2万个）、上电服务器30万台。新型基础设施总体水平大幅提升，为全省大数据产业高质量发展奠定基石。

城市数据资源汇聚共享。贵州按照全省“一盘棋”思路，实施政务数据“聚通用”攻坚会战，建成全国首个省级政府数据共享交换平台——“云上贵州”平台，承载贵州省、市、县政府部门应用系统和数据，率先接入国家平台，实现系统网络通、数据通、应用通。贵州统筹建设“一云一网一平台”，实现政务数据“一云统揽”“一网通办”“一平台服务”，省、市、县三级政务服务事项实现100%网上可办。

智慧城市场景不断扩展。“智慧黔城”工程深入实施，大数据与物流、教育、医疗、广电、家居以及各类生产性服务业深度融合发展，盒马鲜生、优米购等一批融合示范体验零售店相继建成。黔南州数字经济运营中台聚焦景区、住宿、餐饮、停车场，打造一体化服务平台、房产普惠金融、全域统一支付应用场景，建成覆盖全州450余万人基础电子档案的全域基础数据库，连接360多个渠道服务商和州内14000多家实体企业，推动黔南州生活服务数字化。星力Mika智慧商圈项目服务会员212万人，累计订单1.5万笔，平台收入4000余万元。贵阳市在国家信息消费示范城市建设成效评估中获评“优秀”。

3. 砥砺耕耘“山地特色”，农业现代化累结硕果

2022年，贵州省大数据与第一产业融合发展水平为43.2，较2018年提升24.9%。2022年贵州省以发展现代山地特色高效农业为主线，以大数据技术为媒介，走出了一条农业现代化高质量发展的典型道路。

做强现代山地农业产业。发展智慧农业是农业现代化的重要趋势，贵州省立足“山地特色”，推动智慧种植畜牧。六盘水市“猕猴桃智能农业示范项目”以4000亩“弥你红”猕猴桃生产基地为实施对象，通过农业生产现场的各种传感节点和无线通信网络优化果园生产流程。贵阳贵安通过示范引领，已建设“食用菌种植与互联网融合运营管理平台”“数字化肉鸡养殖云服务平台”等13个农业省级标杆项目，应用“一站式”动物防疫信息化管理平台“防控管家”，提高动物防疫密度和免疫合格率10%以上，线上管理动物免疫信息服务达5000余万条次，促进新一代信息技术与种植业、畜牧业、渔业、农产品加工业全面深度融合，打造科技农业、智慧农业、品牌农业。

构建现代农业经营体系。农业现代化离不开现代农业经营体系。近年来，贵州省通过农业产业结构调整，大力推动农业产业从自给自足向参与现代市场经济转变、从粗放型监管经营向数字化远程经营转变。截至2022年，贵州省共10121家涉农企业入驻国家农产品质量安全追溯管理信息平台，2022年全省新增414家生产经营主体录入平台，农产品数字化质量追溯不断强化。“一码贵州”平台作为由贵州省委、省政府部署，在省委宣传部、省商务厅与省大数据局的直接领导下，由多彩贵州网旗下贵州电商云建设及运营的贵州数字经济产业发展平台，不断拓展线上线下产销对接渠道，完善供应链体系建设，通过大数据、黔货云仓、社区电商等方式，运用“平台+服务+数据”体系，开展贵州农产品产销对接，推动全省农产品“黔货出山”，为省内外用户提供线上商城、出行、便民缴费、外卖等更多形态的电商消费场景。截至2022年底，“一码贵州”平台累计吸纳省内外5.1万家企业入驻，上架商品25.5万个，完成订单844.3万笔，交易额251.4亿元。

延伸现代农业产业链条。农业产业链高端化是农业现代化的一个重要标尺。随着交通、信息等基础设施日新月异，贵州省农业从单一种植/养殖向一二三产业融合发展转变。以中药材产业为例，贵州省聚焦品种选育—种植—加工—销售关键环节，推动中药材产业全产业链发展。在品种选育上，初步摸清资源种类共有7317种，认定新品种26个，并上传至中药资源普查信息管理系统；在规范化种植上，参考中药材GAP制度推行中药材标准化、规范化、规模化种植及生产，全面推进“定制药园”建设，从源头上把控中药材种植质量，建设上线贵州省中药材质量追溯平台，至2021年在88个县1017家企业内推广应用；在农产品加工上，编制初加工关键技术要点，持续增强全省产地初加工能力，开展产地趁鲜切制及药食同源试点，开发天麻西洋参枸杞子酒、黄精果脯、薏仁米养生酒、灵芝速溶茶等食品、保健产品，通过大幅提升农产品加工转化率，不断提升农产品附加值。

4. 统筹推进“数字文旅”，旅游产业化亮点纷呈

贵州省致力于推进旅游业充分与大数据、互联网相结合，提升旅游服务和管理效能，已初步形成“一中心五平台三个端”的总体架构，打造智慧旅游“一站式”服务平台，建立“互联网+旅游”营销新机制，开启高科技“多彩出游”新模式。

打造智慧旅游“一站式”服务平台。贵州省以全域旅游综合管理、游客服务、产业协同为突破，着力打造完善智慧旅游“一站式”服务平台。目前，贵州省全力打造的“一码游贵州”平台已实现机票、火车票、酒店预订、门票、旅游跟团、车辆租赁、公务出行等板块“一站式”购买，为全国游客提供丰富的旅游产品销售服务；由贵州省文化和旅游厅联合贵州省大数据局及相关企业打造推出的“一码游贵州”全域智慧旅游平台通过搭建“云仓”产品中台、“智助游”景区服务系统、“云悠途”电商服务系统、“云客栈”酒店服务系统、“云享客”内容服务系统等，构建面向企业的综合管理和营销服务体系。截至2022年底，“一码游贵州”接入A级以上景区500多家、酒店3.7万家、商户5.7万家，累计访问量4.3亿次，总用户2967.9万人，累计交易额9816万元。

建立“互联网+旅游”营销新机制。贵州省通过加强与新华网、人民网等主要新闻网站，凤凰、网易等商业网站，百度等搜索引擎，携程、途牛、去哪儿等行业网站的合作互动，利用“两微一端”（微博、微信和新闻客户端）、影视植入等新技术、新媒体，根据旅游热点和旅客的兴趣点，做好景区舆情监控和数据分析，策划主题多元的网络营销活动。同时，贵州省还积极推动航空公司、景区、旅行社根据景区智能数据分析，共同设计精品线路、组合产品、运作市场，通过共生营销扩大智慧营销范围，拓展市场空间。

开启高科技“多彩出游”新模式。2020年9月，贵州推出首个文旅OMO平台“多彩出游”，利用“大数据+旅游”融合发展理念，聚焦“文旅+大数据+生活”服务，发掘、助推贵州旅游业新兴增量市场振兴与高质量发展。平台以主题游、跟团游、定制游、吃喝玩乐为抓手，实现月度订单破万单的业绩，在上线运营的三个月内，平台成交总额突破千万元大关，并直接为万余名终端游客提供最专业的文旅生活服务。除此之外，西江千户苗寨景区“5G+云视直播”试点实现在抖音通过无人机视角实时观看景区情况；贵州省智慧化图书馆建设项目、“多彩贵州文化云”平台接入云上贵州多彩宝平台项目基本完成；“黄果树景区动静结合的智慧化客流管理服务体系”和“水东乡舍互联网+乡村旅居助力乡村振兴”项目被文化和旅游部评为2021年智慧旅游典型案例。

（三）有序推进九个市（州），数字引擎聚新能

1. 贵阳贵安构建数据融合新引擎，激活高质量发展新动力

2022年，贵阳市大数据与实体经济深度融合发展水平达到55.2，相比2018年（45.3）提高了21.9%。从横向对比来看，贵阳市2022年融合发展水平稳居全省第一，远高于全省整体水平（44.5）。近年来，贵阳贵安作为国家大数据（贵州）综合试验区核心区域，坚定不移实施大数据战略行动，着力推动大数据与实体经济深度融合，数字新基建不断夯实，数字产业持续壮大，产业转型成效显著，组织机制逐渐完善，数据融合为全市高质量发展注入新动力。

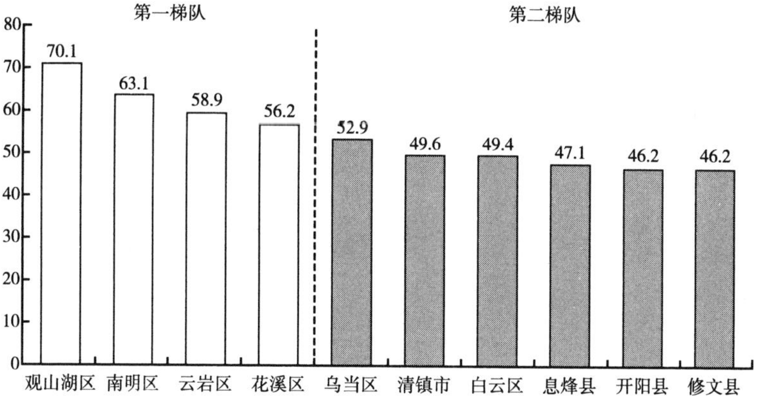

图1-9 2022年贵阳市大数据与实体经济深度融合发展水平及梯队

数字新基建加速推进，数字底座不断夯实。贵阳贵安大力发展数字新基建，筑牢“数字底座”，为大数据与实体经济融合打下坚实基础。**在5G建设方面**，2022年贵阳贵安建设5G基站超过

7302个，占全省新建数量（31340个）的1/5以上，已实现了各区（市、县）及乡镇5G连续覆盖，重要交通枢纽、高校等重点场所5G网络全覆盖；**在算力网络方面**，建成贵阳·贵安国家级互联网骨干直联点、贵阳·贵安国际互联网数据专用通道，国际、国内通信网络性能和地位大幅提升；**在大数据中心方面，**至2022年已建成华为、腾讯、苹果等7个超大型数据中心，投入运营及在建的重点数据中心达23个，成为全世界集聚超大型数据中心最多的地区之一。

数字产业持续壮大，集聚效益逐渐凸显。贵阳贵安坚持以大数据引领区域创新，推动数字产业规模、质量、效益全面提升。**数字产业规模不断扩大，**2022年大数据企业突破5000家，数字经济增加值占地区生产总值比重超过40%，软件和信息技术服务业收入达到692亿元，规模占全省地区生产总值比重从2019年的85%上升到2022年的95%。**数字产业质量持续提升，**贵阳位列“2022数字城市百强榜”第22名，较2018年上升5个位次；华为云全球总部落户贵阳，华为全球培训中心开业，航天云网、朗玛、白山云等企业先后入选中国互联网企业百强榜单。**数字产业效益稳步上扬，**2017~2021年，规模以上软件和信息技术服务业收入年均增长45.4%，规模以上电子信息制造业总产值年均增长11.1%，2022年软件和信息技术服务业收入增速达87.6%，对经济增长贡献率达44.5%，云上贵州大数据集团利润总额同比增长42.1%，华为云营业收入增长超过200%。

产业转型成效显著，三大产业质效提升。贵阳贵安大力推动产业数字化发展，以数字经济赋能实体经济转型升级，为“强省会”行动提供创新引擎和有力支撑。**工业转型升级成效显著，**

2022年贵阳市大数据与第二产业深度融合发展水平达到54.6，比全省大数据与第二产业融合发展水平高出9.4，远超其他城市；在2022年先进制造业百强市中位列第41，自2021年后再次进入前50强，且较2021年上升8个位次；航天云网建设的工业互联网平台已汇聚2296个工业App，形成了20篇企业标准草案，累计带动近3000家企业基础信息和产品上云。**农业现代化水平明显提升，**2022年贵阳市大数据与第一产业融合发展水平达到52.1，较全省大数据与第一产业融合发展水平高出8.9；基于农业大数据的订单式农业平台“掌上自留地”实现农业产销对接、农旅一体的发展新模式，已服务用户1.2万人，完成订单式农产品交易额300万元以上；动物防疫信息化管理平台“防控管家”实现了动物防疫全产业链业务线上办理，在节约一半人力成本的情况下提升动物防疫密度10%以上。**服务业融合发展快速推进，**智慧旅游、智慧物流蓬勃发展，2022年贵阳市大数据与第三产业融合发展水平达到56.2，比全省大数据与第三产业融合发展水平高出12.0，远超其他城市；智游贵阳全域旅游智能讲解项目为游客提供语音讲解、自动定位、文化宣传、精准推广等服务；满帮平台认证司机数量达到700万名，认证货主数量达到225万名，月在线交易运费超过30亿元，货车空驶率降低了30%以上，物流业降本增效成效显著。

组织机制逐渐完善，数据融合成果斐然。贵阳贵安以大数据为核心，创新完善组织立法—平台研用全方位发展保障体制机制，推动大数据技术创新发展，扩大贵阳在数字经济领域的影响力。**在法律建设方面，**贵阳市以立法保障大数据发展，颁布实施全国首部数据共享开放条例《贵阳市政府数据共享开放条例》、全国首部数据安全管理地方条例《贵阳市大数据安全管理条例》；**在创新**

引领方面，贵阳市以研究为基座促进大数据技术发展应用，建成全国首个大数据国家工程实验室、首个大数据国家重点实验室；**在品牌推广方面，**贵阳市积极培育数字经济产业生态以扩大城市的影响力，连续八年成功举办中国国际大数据产业博览会，建立了全国第一个大数据交易所，建设贵阳大数据科创城，组织机制不断完善。

2. 遵义、六盘水市特色布局，依托优势产业打造经济发展新动能

2022 年，遵义、六盘水市的大数据与实体经济深度融合发展水平分别为 44.7 和 44.6，相比 2018 年分别提高了 10.4（34.3）和 11.4（33.2），增势明显。从横向对比来看，遵义、六盘水市 2022 年融合发展水平稳居全省第二位和第三位，且均高于全省整体水平（44.5）。遵义、六盘水市紧紧围绕全省大数据战略部署，深入实施大数据战略行动，着力夯实数字设施基础，加快数字产业化发展，提升产业数字化水平，提速数字化治理建设，加速实体经济与互联网深度融合，让人民群众共享数字红利（见图 1-10、图 1-11）。

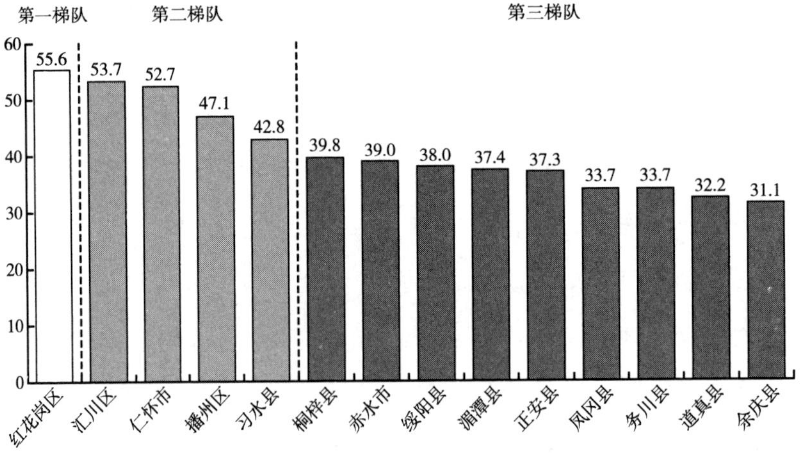

图 1-10　2022 年遵义市大数据与实体经济深度融合发展水平及梯队

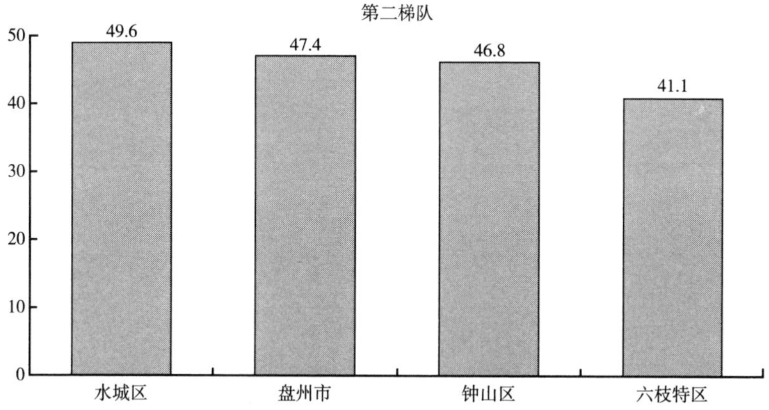

图 1-11 2022 年六盘水市大数据与实体经济深度融合发展水平及梯队

数字基础设施巩固优化，5G 网络覆盖日益全面。遵义、六盘水市持续推动新型数字基础设施建设，抢抓数字基础设施建设和“新基建”机遇，不断夯实数字经济发展基础，提升人民群众获得感。**在 5G 建设方面，**2022 年遵义建成 5G 基站 4483 个，累计超 1.1 万个，实现主城区交通主干道、工业园区、景区等重要场所连续覆盖；2022 年六盘水建成 5G 基站 2647 个，累计完成投资 9.68 亿元，实现 5G“乡乡通”及有信息化应用需求的重点行政村 5G 网络有效覆盖的格局。**在数据中心方面，**遵义重点以新蒲大数据中心和遵义数字产业数据中心为基础，建设城市数据中心和边缘计算网络。推动中国电信数据中心南方第二节点、中国电信天翼云遵义节点挂牌运营。**在算力网络方面，**遵义全力建设“云上遵义”政务云平台，构建公共数据资源池，支撑数据跨层级、跨部门汇聚、共享、互通、协同；六盘水全力建设“存储算力一体化”的云资源池，山脚树煤矿与华为携手共同构建高可用与高性能的数据中心基础底座，云上贵州联通第二节点、凉都云数据资源池、移动云建成投用，为算力网络发展提供完善的硬件基础。

数字产业化布局各有侧重，新兴产业蓬勃发展。近年来，遵义、六盘水市数字产业规模持续扩大，立足资源禀赋，发挥比较优势，抢抓大数据、物联网、人工智能等新一代数字技术发展机遇，建设产业集群，推动数字产业稳步发展。遵义着力培育发展以大数据技术为引领的电子信息产业，积极推进以终端芯片、智能终端产品为代表的电子信息制造业和以软件开发、信息系统集成为代表的软件和信息技术服务业产业化、集聚化发展，全市软件业务收入从2019年的7.49亿元增加到2022年的11.9亿元。六盘水市把物联网作为实施大数据战略的切入点，加快构建以大数据、物联网、数字融合为核心的数字产业生态链，全市已聚集物联网相关企业200余家，产业规模超过100亿元。招商引资规模化推进，六盘水市2022年策划包装大数据产业招商项目30个，新引进项目11个，总投资30.27亿元，新增到位资金13.47亿元。

产业数字化特色发展，大数据融合硕果累累。遵义市发挥赤水河流域酱香型白酒原产地和主产区优势，全力推进酱香白酒产业数字化发展，组建遵义市酱香白酒产业数字化工作专班，制定《遵义市酱香白酒产业数字化三年行动方案》，2022年培育酱香白酒大数据融合省级标杆项目3个、示范项目21个。茅台集团酱香酒行业标识解析集成创新应用入选“工信部工业互联网创新发展试点示范”；国台酒业鉴真溯源系统项目以区块链技术为依托，实现种植—原料—生产—销售全链条的关键信息溯源呈现；贵州红赤水集团年产8000吨竹笋系列产品智能化生产线建成投用；习水、湄潭、桐梓等10个县电商驿站和15个县级智慧服务中心建成，通过本地自建平台开展“直播带货”带动农产品网络零售额4.5亿元。六盘水市以猕猴桃、茶叶、煤炭等优势产业为载体，大力推广物联网、5G等大数据相关技术深入应用。2022年，共培育认定融合标杆项目12个，培育融合示范项目105个，融合带动企业189家。六盘水市“1+10”现代农业产业园体系物联网技术初步推广，已有16家企业建成农业物联网建设基地26个，覆盖猕猴桃、刺梨、茶叶基地2.99万亩；实现正常生产煤矿机械化、智能化“两化”改造全覆盖，2022年完成5处煤矿采面智能化、3处煤矿掘进工作面智能化、1处煤矿机器人研发运用、3处煤矿5G入井，山脚树煤矿、发耳煤矿入选国家首批智能化示范煤矿建设名单，在贵州率先实现煤矿井下5G通信应用。

数字化治理提质增效，服务水平不断提升。遵义、六盘水市大力推动数字技术在政务领域的应用，建立健全大数据辅助科学决策和社会治理的机制，推进政府管理和社会治理模式创新。**政务平台数据体系基本建成。**遵义市建成“云上遵义”政务云平台、政务数据中台、政务视频中台等政府数据大脑，承载了全市25个政府工作部门、59个业务系统，汇聚各委办局业务系统的数据，其中政务视频中台在2020年全省电子政务网创新案例评选中获市（州）第一名；六盘水基于“云上贵州·凉都云”，部署完成具备自主管控权限的六盘水市数据共享交换平台和六盘水市政府数据开放平台，目前已完成市公安局、市应急局、市财政局等20余个市直部门共100余个政务应用系统和智慧城市体验中心系统部署工作。“六盘水政务数据中台”联通市级所有政府部门业务系统和数据，实现信创环境下政务数据清洗、治理和交换共享，并在2023数字中国创新大赛·信创赛道西部赛区获三等奖。**数字民生服务水平不断提升。**基于遵义市视频中台搭建的遵义市城市管理监测预警平台，对城市管理中机动车和非机动车违章停车、垃圾箱满溢、垃圾暴露、乱堆物料、店外经营、经营撑伞等59类场景进行智能监测预警，助力城市智能化管理；运用大数据、人工智能等数字技术，打造智能感知、互联互通、数据共享、业务协同的遵义市综合行政执法一体化协同平台，上线仅两月，累计上报案件已突破1591件；六盘水市依托贵州政务服务网建成1个市级、4个县级、107个乡级、1145个村级四级全覆盖的“一网通办”服务平台，市、县两级政务服务事项可网办率达100%，基本实现业务办理“一次都不跑”。

3. 黔南州、铜仁市等六市（州）努力做强数字经济，以数字融合推动经济社会发展

2022年，黔南州、铜仁市、毕节市、黔西南州、安顺市、黔东南州等六市（州）的大数据与实体经济深度融合发展水平分别为42.3、41.7、41.6、41.5、41.3、39.1，相比2018年分别提高了10.0（32.3）、9.3（32.4）、8.8（32.8）、9.9（31.6）、10.8（30.5）、9.3（29.8）。黔南州、铜仁市等六市（州）大力发展数字经济，巩固数字基础设施，扎实推进数字产业化、产业数字化进程，完善数字化治理体系，积极探索大数据融合应用场景，推动大数据融合赋能传统产业转型升级（见图1-12~图1-17）。

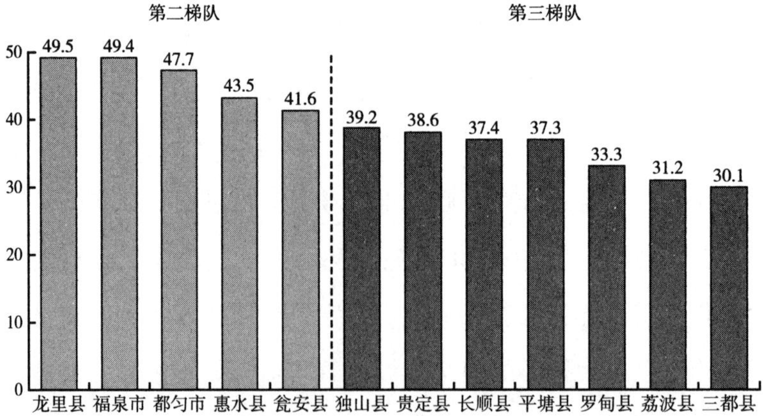

图1-12　2022年黔南州大数据与实体经济深度融合发展水平及梯队

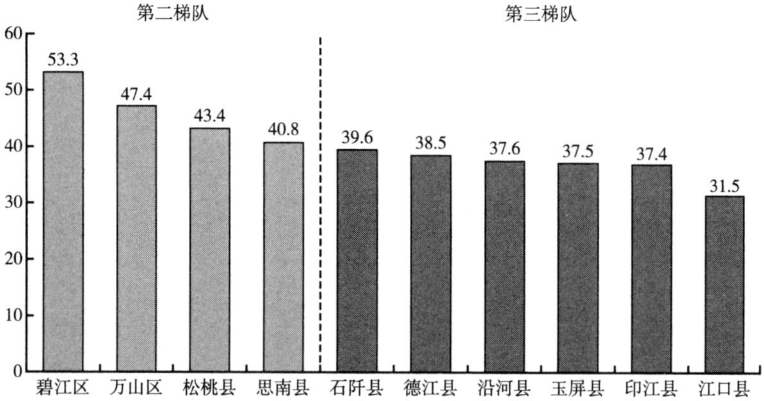

图 1-13 2022 年铜仁市大数据与实体经济深度融合发展水平及梯队

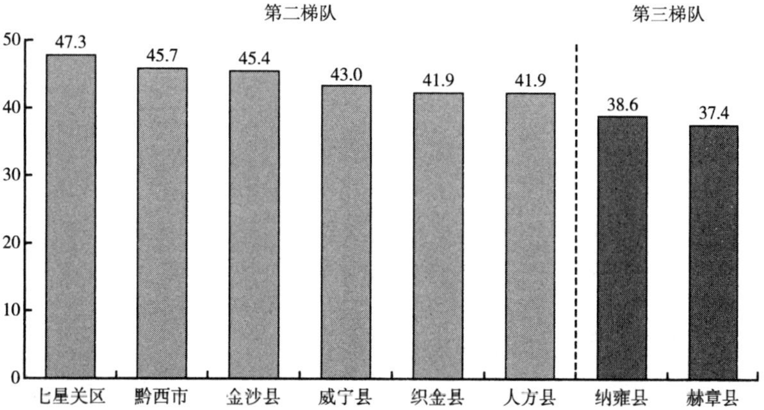

图 1-14 2022 年毕节市大数据与实体经济深度融合发展水平及梯队

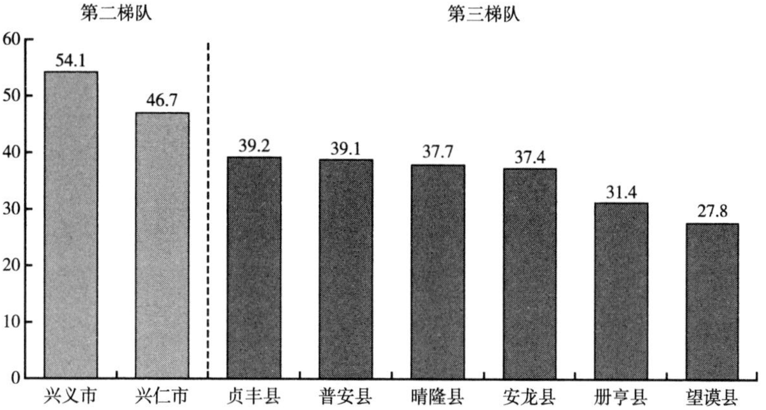

图 1-15 2022 年黔西南州大数据与实体经济深度融合发展水平及梯队

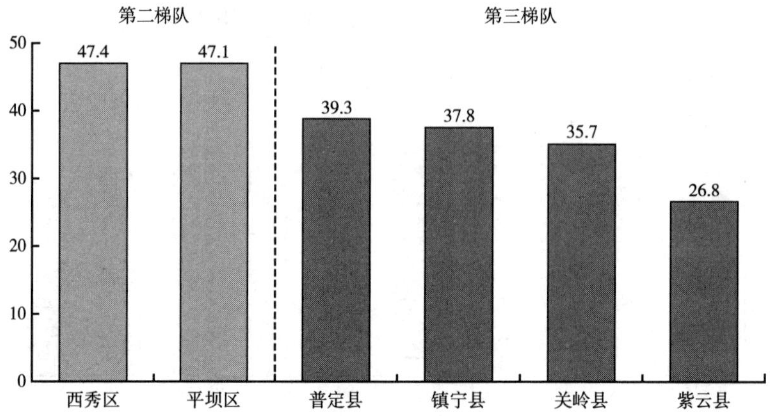

图 1-16　2022 年安顺市大数据与实体经济深度融合发展水平及梯队

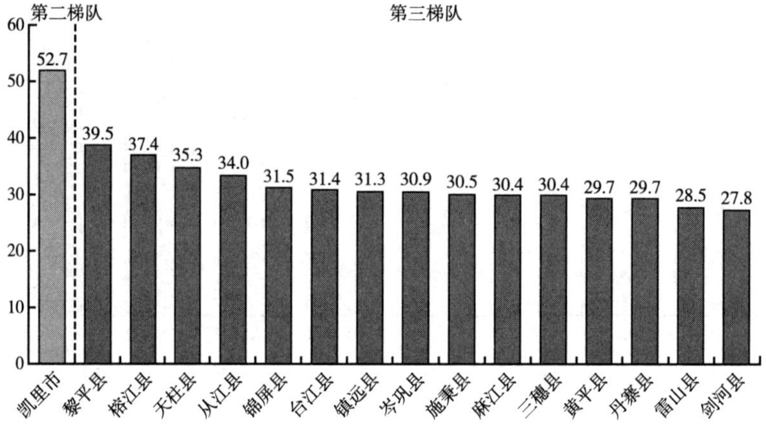

图 1-17　2022 年黔东南州大数据与实体经济深度融合发展水平及梯队

数字基础设施巩固完善，数据中心建设方兴未艾。黔南州、铜仁市等六市（州）充分发挥新型信息基础设施对经济提质增效和创新驱动作用，将 5G 基站、数据中心等作为数字基础设施建设的重要抓手，筑牢数字经济发展基础。**在 5G 建设方面，**2022 年，铜仁市建成 5G 基站 2782 个，实现中心城区、重要景区、重点园区 5G 信号的有效覆盖；黔东南州建成 5G 基站 3320 个，5G 信号实现主城区、园区、3A级以上景区等重点区域连续覆盖；安顺市建成5G基站2439个（见图1-18），实现了县县通5G，5G网络覆盖行政办公区、医院、学校、景区等热点区域。**在数据中心方面，**黔西南州充分发挥气候温凉和电价低廉等比较优势，在义龙新区建成大数据产业园和云计算数据中心，目前拥有11个机房5700台服务器77.2PB存储，为黔西南州24个部门、满载可布置约1500个服务器机柜，承载15000台以上服务器，提供180PB存储服务能力。已建成标准机架3300个，其中华为政务云为黔西南州30个部门、70多个业务系统提供云服务支撑，为30多家高科技企业提供服务器托管；毕节市与贵州移动、乌蒙大数据公司携手合作，合力开展毕节节点政务大数据工作，建成毕节数据中心，打造“5G+”创新试验基地，全面开展支撑乡村振兴、助力产业升级、打造政务智能化、多端通信融合等工作；黔东南州与运营商携手合作，新建数据中心2个，机架总数达到244个，承载服务器超过2000个，加快构建区域算力保障体系，助力数字经济高质量发展。

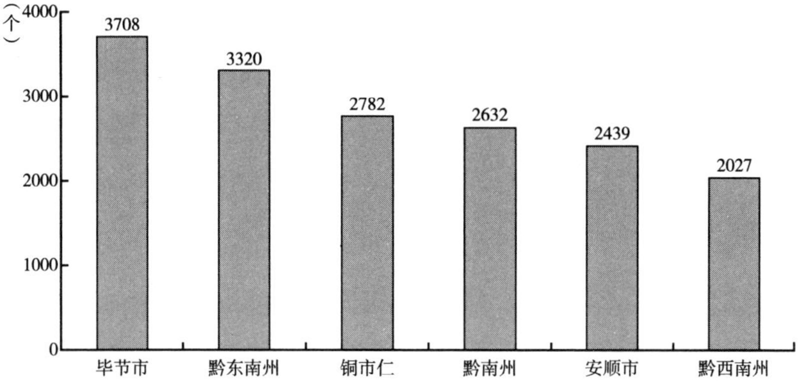

图1-18　2022年毕节市、黔东南州等六市（州）5G基站新建数量

数字产业初具规模，招商引资成效显著。黔南州、铜仁市等六市（州）基于当地禀赋，从本土培育和招商引资两个方面积极发展数字产业及项目。在本土培育方面，安顺市积极谋划和包装大数据项目，向上争取专项资金和基金支持，2022 年全市开工建设大数据重点项目 33 个，累计完成投资 10 亿元，同时重视培育市场主体，2022 年上半年，全市新增大数据市场主体 73 家。在招商引资方面，铜仁市开展大数据“寻苗行动”，先后赴成都、深圳、珠三角等地开展招商考察 40 余次，邀请大数据企业“走进来”考察洽谈 104 家，新增大数据企业（包括落地注册）69 家；黔南州依托惠水百鸟河数字小镇、都匀市大数据产业聚集区等载体，聚焦平台经济、数据标注等优势产业，着力构建良好的营商环境，组建大数据产业招商专班，高频次外出开展招商洽谈，引进落地一批优质大数据企业和项目，自 2018 年以来，全州共引进大数据企业 198 家。数字经济也是黔东南州高质量打造对接融入粤港澳大湾区“桥头堡”的有力引擎，自 2022 年以来，新增签约落地大数据项目 23 个，总投资 15.24 亿元，其中凯里市引进五铢科技建设集成电路产业集群，总投资规模达到 100 亿元，榕江县建设新媒体产业园孵化企业 40 余家，培育网络直播营销团队 2200 余个，开辟新媒体数字经济的新赛道。

产业赋能稳步推进，助力经济高质量发展。黔南州、铜仁市等六市（州）积极使用数字技术改造提升传统产业，培育壮大新业态，切实推动大数据赋能实体经济高质量发展。安顺市大力开展农村电商，以数字技术促进“黔货出山”，建成 1 个市级电商公共服务中心、6 个县级电商公共服务中心、678 个村级电商服务站点，电商供应链云仓服务体系包括 1 个市级枢纽仓、3 个县级节点仓，有效推动农产品上行，蜂糖李、红心薯、大米、辣椒制品等农村特产迅速走向全国。黔西南州将“5G+”物联网技术运用到薏仁米生长过程中，兴仁市巴铃镇大普村薏仁米种植基地运用农情监测系统，将种植环境的温度、病虫害等进行监测后反馈到信息中心，实现种植的实时监测。黔南州大力推动工业企业上云用云，以大数据融合推动企业发展，累计推动超过 983 家企业上平台，发布工业产品信息 1085 款，完成独山标准电机和险峰机床厂等企业共计 1208 台（套）设备上云，工业企业大数据画像数量超过 30 个。黔东南州引导天能集团、黔玻永太、裕丰米业、茅台生态等企业从传统生产向智能制造转型，结合产业特点建设国春银饰数字化平台、舞水云台智慧苗绣平台、酸汤+预制菜工业互联网平台等具有黔东南特色的平台，推出凯里北控智慧水务平台、越达增材银产业 3D 数字打印研发公共平台，新建的贵州省工业互联网产业学院获工业和信息化部批复挂牌新一代信息技术人才实训试点。

数字化治理日益规范，政府服务水平切实提高。黔南州、铜仁市等六市（州）把大数据融合作为提高政府治理能力的重要手段，通过应用数字技术让政府治理更“智慧”，推动政府治理数字化、精准化和智能化。安顺市开发了“安心干”人力资源开发和价值提升数字化服务平台，创新采用“政府监管授权+数据主体授权”的双授权模式，可有效实现务工人员、用工企业、银行和政府“四方”共赢，平台自上线运行以来，培育安心专员 7000 余人，拥有超过 78 万注册用户，可提供 543 种类型的岗位，满足 3 万余人就业需求，推动了政府治理数字化。毕节市税务局通过税企互动平台、微信公众号等方式开展精准推送，覆盖纳税人 16.52

万户次，同时还开发应用了“减税降费综合分析平台”，建立健全数据分析台账，实现了税收风险差别化应对，推动了政府治理精准化。黔西南州通过打造无人自助车管所，为居民提供体检、照相、业务受理、制证一站式办结服务，是贵州省首个实现车驾管业务全流程 24 小时服务的智能化车管所，推动了政府治理智能化。黔东南州智慧办税服务厅“一体化集成管理系统”提升了纳税缴费“网上办”“智慧办”能力，窗口排队取号办税笔数同比下降 60%，办税时间和等候时间压缩到 3 分钟以内，同比压缩 66%以上，提质增效较为明显，并在全国范围内推广；黔东南州 5G+加油数据信息实时采集系统探索成品油纳税立体化智慧监管新路径，助力全州民营加油站 2022 年缴纳增值税同比增长达到 318%。

成效篇

“数实耕耘”奋五载，产业转型深实效

第二章 贵州省大数据与第一产业融合不断深入

一 发展基础

（一）环境："八山一水一分田"为现代山地农业发展奠定基础

贵州位于我国西南部高原山地，以山地为主，耕地较少，是全国唯一没有平原作为发展支撑的省份，喀斯特（出露）面积占全省总面积的61.9%，农业生态环境相对较差，发展传统种植业投入大、收益低。加之地形地势特殊，农产品质量检测、人工培育、病虫害防治等技术应用和推广面临阻碍，传统农业耕种和培育模式难以与贵州的实际环境相匹配。

但制约在山，潜力与希望也在山。青山绿水、亚热带季风气候与独特的生态自然环境资源也为发展现代山地特色高效农业提供了可能。同时，大数据技术能够为山地农业发展提供从播种到灌溉再到培育等各个环节全流程实时监测，既能突破贵州省第一产业发展中环境因素所带来的制约，还能促进农业现代化水平提升，将第一产业发展劣势有效转化为融合发展潜力，推动第一产业增加值再提升。

（二）政策：国家战略部署助推贵州农业现代化生产

从国家层面来看，“三农”问题一直是党中央、国务院关注的头等问题。2004年至今，中央一号文件连续20年持续聚焦“三农”主题，“促进农民增收、统筹城乡发展、推进乡村振兴、加快农业农村现代化”是至今延续的关键词。大数据技术作为推动农业现代化发展的技术代表，不断出现在各项政策文件中，助推农业生产向现代化智慧型生产转变。2017年10月19日，在党的十九大期间，习近平总书记参加了贵州省代表团讨论。会上，习近平总书记再次提出，贵州要守好发展和生态两条底线，创新发展思路，发挥后发优势，决战脱贫攻坚，开创百姓富、生态美的多彩贵州新未来。2021年2月5日，习近平总书记在贵州考察时指出要着眼于形成新发展格局，推动大数据和实体经济深度融合，培育壮大战略性新兴产业，加快发展现代产业体系。

从地方层面来看，为认真落实习近平总书记及党中央要求，贵州省以第一产业为着力点，持续发布了《省人民政府办公厅关于加快推进农业供给侧结构性改革大力发展粮食产业经济的实施意见》《中共贵州省委　贵州省人民政府关于全面推进乡村振兴加快农业农村现代化的实施意见》等纲领性文件和专项性文件数十份，对农业产业结构与发展方式进行优化升级。在政策支撑的基础上，贵州省还采取“万企融合”大行动对第一产业开展有力实践，集中优势力量发展智慧农业，推广农业大数据平台，推广数字农业重大应用场景。

（三）产业：山地特色农业产业为智慧农业提供沃土

贵州属于典型山区省份，山地和丘陵面积占到全省土地总面积的92.5%，山地特色农业发展具有巨大潜力和广阔前景。2015年6月，习近平总书记视察贵州时明确指示："要推进农业结构调整，着力发展现代山地特色高效农业。"经过多年的发展，贵州农业产业发展效益逐步提升，农业综合发展水平大幅提升，农业农村经济发展取得重大成就。

产业规模持续壮大。根据贵州省统计局数据，2022年，贵州省第一产业增加值为2861.18亿元，比上年增长3.6%。2022年全年建成高标准农田266.2万亩，超额完成国家下达任务。**农业机械化水平逐年提高，**全省拖拉机和微耕机等作业机械总量超过130万台（套），2022年主要农作物耕种收综合机械化率比2021年提高2个百分点；2022年末，贵州省农机服务组织达640家，同比增长16.2%，全年完成农机作业4100万亩次，建成20万亩水稻全程机械化示范田。**农业科技加快发展，**特色优势产业良种覆盖率进一步提升，围绕12个重点农业特色优势产业开展关键核心技术研究攻关和科技成果转化示范。建设试验示范基地425个，开展新技术、新方法、新模式试验示范286项，技术集成172项。农产品流通设施日益完善，农产品销售半径延伸至北京、上海、粤港澳以及东南亚等地。

特色优势产业体系"裂变式"发展。山地特色农业产业体系初步形成。**农业特色优势产业加快发展，**2022年，全省农林牧渔业总产值实现4908.8亿元，同比增长4.1%。其中，农业总产值3313.7亿元，增长3.5%；林业总产值340.0亿元，增长3.9%；

畜牧业总产值941.4亿元，增长5.5%；渔业总产值79.6亿元，增长6.5%。茶叶、辣椒、猕猴桃、火龙果、蓝莓等产品产业规模名列全国前茅；猕猴桃、薏仁、太子参、百香果等产品产业规模进入全国前三，食用菌产业规模迈入全国生产第一梯队。**山地特色农业经营体系不断健全，**优化“龙头企业+合作社+农户”组织方式，完善股权合作、资金整合、利益联结等机制。新增“三变改革”示范村10个，试点村总数达16213个，占行政村总数的96%，实现679万农户变股东，带动户均增收830元。新增“租改股利益联结试点”11个、“家庭经营为主体的利益联结机制试点”8个，发展出“订单收购+分红”“土地流转+优先雇用+社会保障”“保底收益+按股分红”等典型利益联结模式，有效地促进了群众增收。

“贵字号”品牌影响力持续扩大。大力实施绿色农产品“泉涌”工程，农业生产标准化绿色化加快，农产品质量品牌建设得到新发展。截至2022年，贵州省累计登记农产品地理标志154个，地理标志产品累计达到408个，有效期内绿色食品达到394个，贵州绿茶、凤冈锌硒茶、都匀毛尖茶等15个地理标志产品被纳入中欧地理标志保护与合作协定互认产品清单。创建了贵州绿茶、贵州刺梨、都匀毛尖、湄潭翠芽、白旗韭黄、大方天麻、赤水金钗石斛、施秉太子参等大批区域公用品牌，老干妈、贵三红、五福坊等企业品牌在国内外知名度大幅提升。

二　重点举措

为发展现代山地特色高效农业，贵州省牢牢抓紧数据融合发展契机，从生产管理、质量追溯、网络销售等方面深入推进大数据与第一产业融合发展，为贵州实现农业农村现代化、推进乡村振兴带来新局面、新机遇和新发展。

（一）推进农业生产管理精准化

加快构建大数据、云计算、互联网、物联网技术一体化的现代农业发展模式，实现现代农业生产管理的实时监控、精准管理、远程控制和智能决策。重点实施农业产业脱贫攻坚专项，加快实现贫困农户建档立卡数据与农业生产数据的共享互联。建设农业产业脱贫攻坚大数据库和大数据平台，基于遥感监测、地面调查、网络挖掘等技术，构建“天空地人”“四位一体”的农业大数据可持续采集更新体系，夯实农业大数据基础，实现农业生产数据的关联整合、时空分析与智能决策，优化农业产业布局，深入推进农业结构调整，促进农业产业发展。

（二）推进农产品质量安全可追溯

运用大数据实现农产品质量安全可追溯，形成生产有记录、信息可查询、质量有保障、责任可追究的农产品质量安全追溯体系。重点实施食用农产品质量追溯专项，重点聚焦茶叶、蔬菜、水果、禽蛋等特色产业，利用贵州省农产品质量安全追溯平台，通过农产品二维码，实现农产品产地、生产单位、产品检测等信息的追溯、查询，逐步将这些信息纳入全国农产品质量安全追溯平台。

（三）推进农业市场销售网络化

积极培育农村电商主体，提升新型农业经营主体电商应用能力，建设信息开放共享、数据互联互通的农业电商公共服务系统，构建农产品冷链物流、信息流、资金流网络化运营体系，破解“小农户与大市场”对接难题，提高农产品流通效率。重点实施农村电商培育专项，加强与阿里巴巴、京东、苏宁等电商平台合作，用好贵州电商云、贵农网等电商平台，建立产地仓等直采模式，发展绿色无公害优质农产品线上定制、线下送菜到家的农产品销售服务新模式，增强特色农产品线上推广和线下融合。

三　融合成效

（一）融合概况：总体融合成效取得突破，各行业发展稳步向前

五年“万企融合”之路，大数据与第一产业的融合发展水平攀登全新台阶。2021 年，贵州省大数据与第一产业融合发展水平为 40.8，首次突破 40 大关；2022 年延续增长势头，大数据与第一产业融合发展水平达到 43.2，相较于 2018 年增长 24.9%，增长速度在三次产业中最高。在第一产业中，畜牧业融合发展水平持续领先，相较于 2018 年增长 27.9%；林业近五年增长速度最快，达 29.4%；农产品种植业融合发展水平由 2018 年的 34.8 增长到 2022 年的 42.3，在促进第一产业平稳发展的同时，有序推进贵州省农业现代化发展，具体如图 2-1 所示。

融合发展全面铺开，重点产业生机盎然。为进一步推动农业现代化建设，五年来贵州省不断推进大数据与第一产业深度融合进程，围绕不同重点产业开展深度融合工作。全省生猪产业、茶产业、牛羊产业、特色林业、生态渔业、中药材产业融合发展水平均已超过贵州省大数据与第一产业融合发展水平，分别达到 51.6、

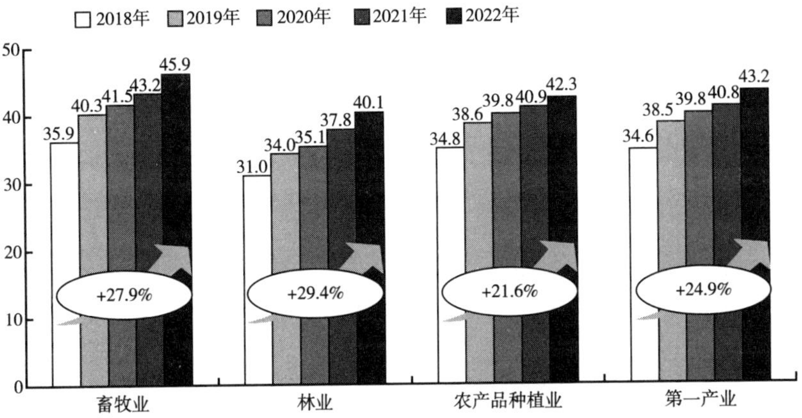

图 2-1　2018~2022 年贵州省大数据与第一产业重点产业融合发展水平

46.1、45.3、43.8、43.6、43.3。其中生猪产业融合发展水平处于重点产业中第一位，高于大数据与第一产业融合发展水平 19.4%；为进一步推动贵州省生猪产业融合发展，2022 年贵州省农业农村厅联合多部门发布《关于促进生猪产业稳健发展的实施意见》，要求进一步建设现代生猪种业，强化科技支撑保障，用 5~10 年时间，基本形成产出高效、产品安全、资源节约、环境友好、调控有效、产销协调的生猪产业高质量发展新格局，产业发展体系进一步优化，更好助力巩固拓展脱贫攻坚成果和促进乡村振兴。

融合进程不断深化。2022 年贵州省第一产业企业中，处于融合初级阶段的比例为 35.4%，处于融合中级阶段的比例为 54.4%，处于融合高级阶段的比例为 10.2%。近年来，贵州省以大数据与第一产业深度融合为引擎，加快构建现代农业发展体系，全力推动农业现代化，在强化农业生产管理等方面取得显著成效。五年以来，贵州省第一产业处在融合初级阶段的企业比例逐年降低，累计降低 16.7 个百分点；处在融合中级阶段和高级阶段的企业比例整体呈提升态势，分别累计提升 8.8 个和 7.9 个百分点，具体如图 2-2 所示。

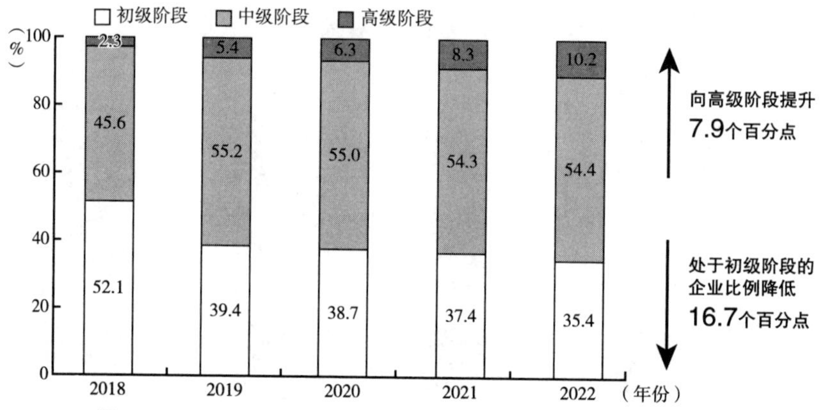

图 2-2　2018~2022 年贵州省大数据与第一产业融合发展进程

重点行业争相发力。2022 年畜牧业、农产品种植业、林业处在融合初级阶段的企业比例分别为 28.0%、36.6%和 43.2%，处在融合高级阶段的企业占比分别为 10.7%、10.1%和 9.4%。其中畜牧业融合程度为最高，处于融合高级阶段和中级阶段的企业比例明显高于整体水平，具体如图 2-3 所示。贵州通过将大数据、物联网、人工智能等数字技术与第一产业深度融合，创新农业生产运营模式，推动生产决策智能化、科学化、精细化，促进农业发展降本增效，向着农业现代化目标加速进发。

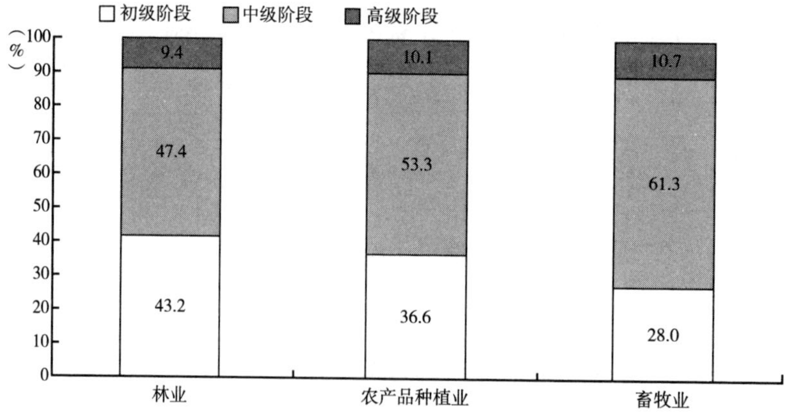

图 2-3　2022 年贵州省大数据与第一产业重点行业融合发展进程

（二）生产管理：物联网普及率逐年攀升，生产管理日益精细

物联网应用日益普及，推动农业提质增效。贵州以“互联网+农业”为依托，充分利用数字技术发展智慧农业，推动第一产业转型升级。2022年贵州省第一产业企业基于各类物联网传感器实现相关数据采集的比例为31.8%，较2018年提高了12.9个百分点。从行业角度来看，2022年农产品种植业和畜牧业应用传感器采集数据的企业比例分别为30.1%和44.0%，较2018年分别提高了11.0个和24.0个百分点（见图2-4）。传感器可以检测温度、湿度、pH值等环境数据，帮助企业基于数据进行施肥、灌溉、喂饲料等种养决策，避免资源浪费和环境破坏。但受贵州省地形及行业企业规模影响，农产品种植业传感器应用率仍低于畜牧业。

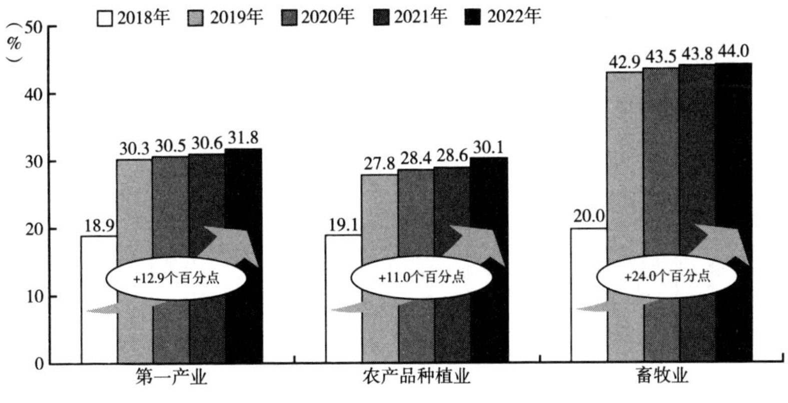

图2-4　2018~2022年贵州省第一产业企业传感器数据使用情况

在畜牧业方面，毕节市双堰社区建立智慧养殖场，通过鸡脚上的NFC监测脚环和养殖大棚安装的电子栖架以及监控摄像头，

实现了乌鸡养殖数字化，养殖场一名员工年养殖规模达5000只，相比散户养殖规模提升了9倍。在农产品种植业方面，润永恒猕猴桃种植基地通过建设农业物联网，将虫情测报系统、气候监测系统、远程实时监控系统和自动喷滴灌系统合为一体，人工成本降低36.5%，农产品产出及品质增效20%以上。

农业生产管理精细化。2022年，57.0%的贵州省企业实现现场物流的信息跟踪与管控，64.2%的企业实现初级加工过程的信息跟踪与管控，50.2%的企业实现种养过程的信息跟踪与管控，具体如图2-5所示。受新冠疫情影响，2020年实现现场物流环节信息跟踪与管控企业的占比出现小幅度下降，但从整体来看，农业生产管理整体向数字化、智能化、精细化方向演进。从行业角度来看，三大行业生产管理数字化重点各有侧重。2022年畜牧业有41.6%的企业实现了数字化疫病控制与预防；农产品种植业有54.5%的企业实现了数字化种植，48.5%的企业实现了数字化施肥。

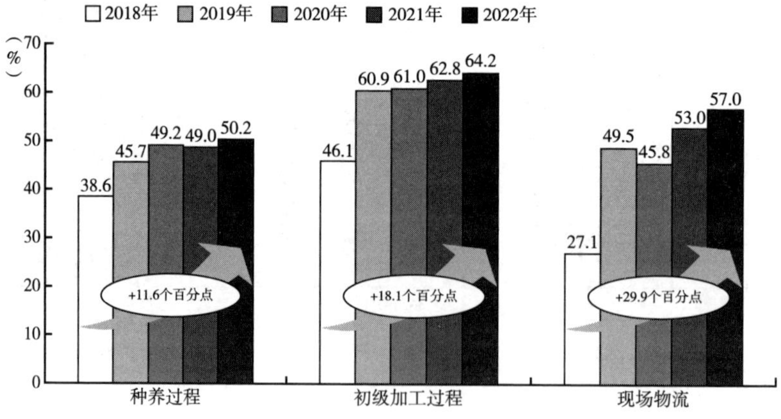

图2-5　2018~2022年贵州省第一产业企业关键环节信息跟踪与管控情况

专题案例一

贵州科普园科技有限公司——打造生猪养殖数字化管理平台

一、项目简介

贵州科普园科技有限公司基于生猪养殖环节应用智慧养殖平台，实现了数字化管控与精细化喂养，助力养殖环节降本增效；在生产管理环节应用猪场智能管理平台，实现了实时监控和远程在线管理，提高了管理效率，降低了人猪接触频率。

二、融合路径

生猪养殖行业生产检测与控制环节大多使用人工管理，存在测控精度低、劳动强度大等痛点。该项目从养殖、监测、管理等环节入手，建设数字化平台，实现生产管理提质增效。在生猪养殖方面，公司应用物联网技术和智能传感器等设备，深度收集养殖环境信息与生猪个体信息，搭建智慧养殖平台，实现了养殖环境控制和精细化饲喂；在环境调控方面，公司以农信云为核心搭建了猪场智能管理平台，基于养殖基地的环境信息采集实现了猪舍内部环境调控、自动饲喂和实时视频监控等功能；在数据管理方面，公司基于养殖基地的低功耗无线传感网络和移动互联网实现了数据在农信云平台上的集中管理、存储和智能处理；在生产管理方面，公司基于养殖基地的智能监控管理软件、信息服务软件和人机交互硬件设备实现了远程在线管理。

三、融合成效

平台的应用提升了企业养殖基地管理效率，有效减少了人猪接触频率，降低非洲猪瘟发生风险。平台应用后，猪场每头母猪每年减少饲料浪费54kg以上，哺乳期日采食量高达8kg，难产率降低45%，断奶仔猪增重1kg，饲料浪费减少15%，出栏提前10天左右。

资料来源：《贵州省大数据与实体经济融合典型案例汇编》，下同。

（三）质量追溯：质量追溯体系逐步完善，物流环节追溯过半

实现全流程质量追溯的企业占比稳步提升。为了加强农产品质量监管能力，保障公众消费安全，提升农产品品牌形象，贵州省大力推动农产品质量追溯体系建设，强化农产品生产、流通、加工、销售等全流程的质量管理，切实提高农业生产管理智能化、精细化水平。2022年贵州省第一产业实现全程质量追溯的企业比例为21.3%，较2018年提高了9.1个百分点，具体如图2-6所示。目前，贵州省聚焦茶叶、蔬菜、水果、禽蛋等贵州特色农业产业，实现农产品产地、生产单位、产品检测等信息的追溯查询，基本形成"生产有记录、信息可查询、流向可跟踪、责任可追究、产品可召回、质量有保障"的农产品质量安全追溯体系。

从第一产业重点行业来看，畜牧业实现全程质量追溯的企业比例要高于农产品种植业，2022年分别达到23.0%和20.8%，分别比2018年提升了8.6个和7.6个百分点。在供给侧，畜牧业养殖环节

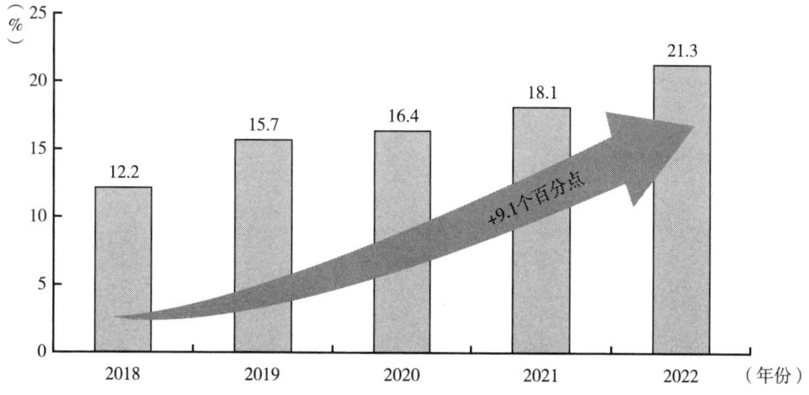

图 2-6　2018~2022 年贵州省第一产业实现全程质量追溯情况

集中且管理模式标准化，相较农产品种植业更容易实现全程质量追溯，在需求侧，消费者对畜产品的质量要求也更高。贵州出台了《贵州黄牛产业追溯管理系统建设目标和需求》等文件，从种繁养殖追溯子系统、在线管理、智能养殖等方面入手，推动贵州黄牛从牧场到餐桌的全程可溯源，树立贵州优质畜产品品牌形象。

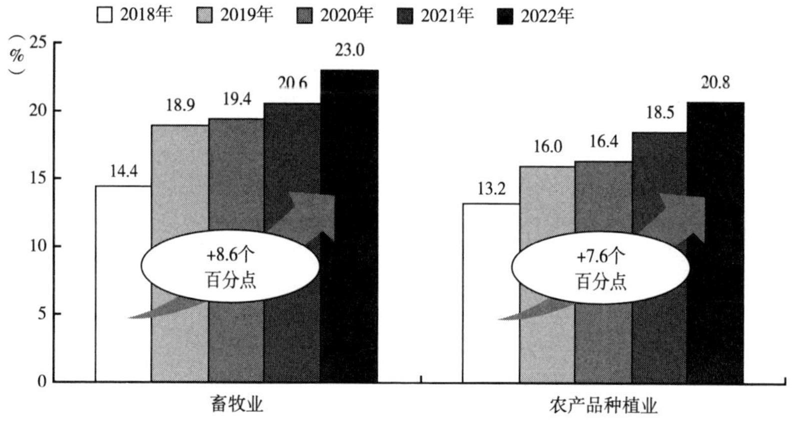

图 2-7　2018~2022 年贵州省第一产业重点行业实现全程质量追溯情况

畜牧业及农产品种植业过半企业实现物流追溯。从关键环节来看，2022 年畜牧业质量能够追溯到种养阶段、初加工阶段、运输阶段、销售阶段的企业占比分别为51.2%、48.5%、54.8%和66.7%，分别比2018年提升了9.7个、17.9个、29.8个和17.5个百分点（见图2-8a）。2022年农产品种植业质量能够追溯到种养阶段、初加工阶段、运输阶段、销售阶段的企业占比分别为45.7%、52.5%、50.1%和64.5%，分别比2018年提升了16.9个、12.6个、19.9个和18.0个百分点（见图2-8b）。其中，2022年畜牧业、农产品种植业在物流阶段实现追溯的企业比例均超过一半，分别达到54.8%和50.1%。

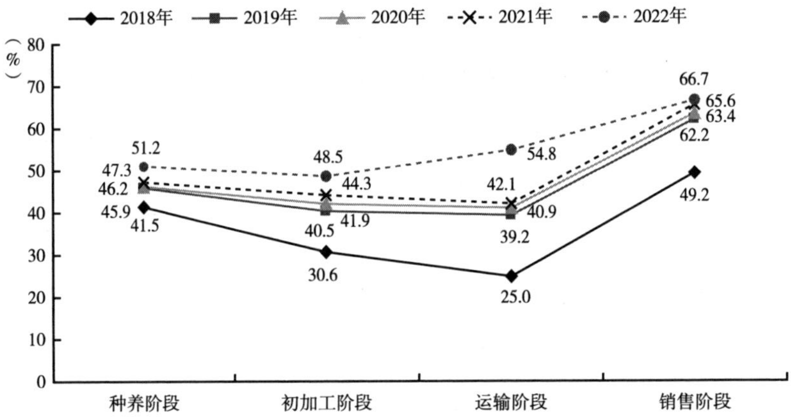

图2-8a　2018~2022年贵州省畜牧业重点环节质量追溯实现情况

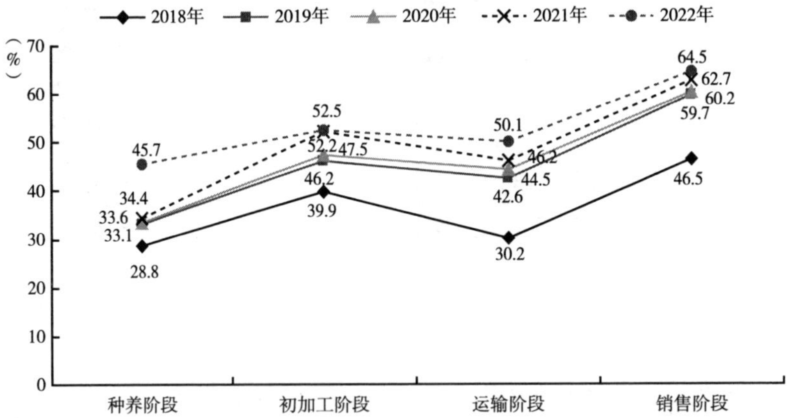

图2-8b　2018~2022年贵州省农产品种植业重点环节质量追溯实现情况

从外部政策环境看，贵州省出台多项政策支持现代物流体系建设。2021年，贵州省发改委等8部门印发《贵州省进一步降低物流成本若干政策措施》，推进省内现代物流数据平台建设，并采取财政支持、税费减免等措施促进现代物流业发展；同年省商务厅印发《贵州省2021年冷链体系建设工作要点》，推动冷链基础设施建设和省级冷链信息平台建设，优化农产品冷链流通网络，助力企业降低农产品流通成本；2022年省商务厅等13部门印发《贵州省商贸物流高质量发展专项行动工作方案（2022—2025年）》，积极发展“生鲜电商+冷链宅配”等冷链物流新模式，鼓励企业建立物流智能监控与追溯平台，完善农产品物流配送体系。在政府的大力推动下，农产品冷链物流体系日益完善，产品追溯平台快速发展，推动了农畜产品运输环节数字化融合进程，有效助力“黔货出山”。**从内部产业差异来看，**首先，畜牧业和种植业产品冷链流通水平不同，政策的作用效果也不一致。据中物联冷链委数据，我国果蔬、肉类冷藏运输率分别为15%、57%，畜牧业产品冷链流通需求显著大于种植业产品，政府推动农产品冷链物流体系智能化发展的政策对畜牧业作用效果更为明显。其次，2022年在非洲猪瘟及新冠疫情、禽流感的持续影响下，为保障产品安全与质量，畜牧业企业自觉加强生猪运输和冷链物流基础设施建设，加快建立冷鲜肉品流通和配送体系，为推进“运猪”向“运肉”转变提供保障。在外部物流政策及内部产业差异的综合影响下，2022年贵州省畜牧业物流环节企业追溯率实现极大提升，达到54.8%，较2021年增长12.7个百分点。

专题案例二

贵州宏财聚农投资有限责任公司——构建刺梨产品全环节追溯系统

一、项目简介

贵州宏财聚农投资有限责任公司通过建设刺梨种植基地基础物联网设施、完善刺力王罐装饮料生产基地数字化管理，构建了刺梨产品全环节追溯系统，实现刺梨饮料产品全环节质量追溯。

二、融合路径

刺梨制品行业存在生产决策缺乏数据支撑、市场监测预警不到位、产品溯源体系不健全等共性问题。该项目通过对产品全流程进行数字化改造，基于种植、加工、销售环节的数据建立产品质量全流程追溯系统。在种植环节，公司在农业合作社部署各类基础农业物联网设备，对刺梨种植生产过程中的播种、施肥等农事活动数据进行定时采集；在生产加工环节，公司建设了刺梨饮料数字化生产工厂，采用企业资源管理系统汇集生产加工过程中的各项数据，为产品质量全流程追溯提供数据基础；在销售环节，公司基于种植、生产加工等环节的数据构建宏财刺梨产品全环节追溯系统，为每一罐刺梨饮料赋予唯一追溯二维码，汇集刺梨种植中的农事活动数据、刺梨饮料生产中的加工数据。消费者通过手机扫描追溯二维码，便可获得刺梨制品“种植—生产加工—销售”全环节溯源信息。

三、融合成效

公司通过建设宏财刺梨产品全环节追溯系统，实现了刺梨种植、加工、销售的产品全环节质量追溯，让消费者了解全环节追溯信息，增强了消费者对刺梨制品质量的信赖，提升了刺梨制品的品牌价值。

专题案例三

中禾恒瑞（贵州）有限公司——“贵牛”养殖全产业数字化建设

一、项目简介

中禾恒瑞（贵州）有限公司通过建立指挥中心、大数据中心两个中心和养殖管理信息化、溯源管理信息化、合作社管理3个平台，实现了禽畜状态监测、养殖环境监测等多功能合一的数字平台化管理。

二、融合路径

肉牛养殖行业生产主要依赖传统经验，缺乏量化指标和配套技术，导致养殖环境不佳，影响产量和品质。同时行业产品质量追溯体系不健全，产品质量难以得到保障。该项目基于物联网等数字技术开发了一系列肉牛养殖系统，通过“贵牛”智能养殖系统的开发应用，结合物联网识别技术对牛只信息进行动态采集，实时监控；通过为牛只建立唯一身份标识，全程跟踪繁殖、疾病免疫、日常饲养等过程，基于数据分析报表指导生产、协助管理，进而对每头肉牛个体提供个性化、科学化喂养；通过 TMR 饲喂系统实现精准化拌料、投料，剩料处理，库存管理等，让每一头牛都能按时采食到其所需的饲料，同时节约饲料成本；通过称重分群系统进行牛只的日常盘点统计，动态监控牛只饲养体况数据。

三、融合成效

基于禽畜状态监测、养殖环境监测系统，企业一方面可以实时监控、调节肉牛自身状况和环境情况，改善肉牛饲养环境，及时处理病牛，降低产品损耗。另一方面可以结合畜牧业特点，通过全流程全环节的数据归集和分析应用，实现肉牛饲养标准化和精准化，节约饲养成本。此外，公司通过“肉牛全产业链溯源追溯系统”实现了产品全流程溯源，还能强化产品质量管理，提高消费者满意度。

（四）市场销售：电子商务应用持续普及，营销模式创新发展

电子商务应用率呈上升态势。物流是电商发展的关键环节，为深入推进电子商务产业升级发展，支持“黔货出山”，贵州省开展电商供应链云仓服务体系项目建设，通过整合电商快递物流，集聚电商企业，构建智能仓储配送网络，逐渐探索出“乡村集货、云仓集单、数据互通、统仓共配”的智慧仓配机制，初步形成一套体系完善、机制灵活、实效显著的电商升级“贵州模式”。2022

年，贵州省第一产业应用电子商务的企业比例达到 64.1%，网上采购率①为 30.2%，网上销售率②为 27.4%，较 2018 年分别提升 6.2 个、6.8 个和 7.4 个百分点（见图 2-9）。受新冠疫情影响，2020 年电子商务应用率出现小幅度下降，但整体依然呈现上升态势，网上采购率和网上销售率逐年稳步上涨。

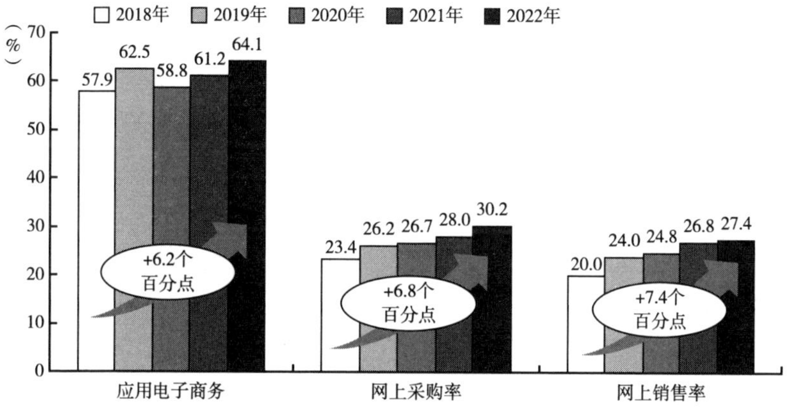

图 2-9　2018~2022 年贵州省第一产业企业应用电子商务的情况

线上销售渠道多元化发展。2022 年贵州省第一产业企业积极通过互联网开展相关销售活动，45.9%的企业建设线上销售平台，45.7%的企业建设移动端营销 App/公众号，入驻第三方电子商务平台的企业占比 57.6%，较 2020 年分别增加了 3.5 个、8.4 个和 3.7 个百分点，具体如图 2-10 所示。由贵州电子商务云运营有限责任公司打造的“一码贵州智慧商务大数据平台”成功入选 2022

① 网上采购是指产品或服务的采购订单是在网络上完成的。但是，支付和产品或服务的交割，可以“在线”或者“离线”完成。订单在网络上完成不包括通过电话、传真或者传统 e-mail 进行的订单收发活动。

② 网上销售是指产品或服务的销售订单是在网络上完成的。但是，支付和产品或服务的交割，可以“在线”或者“离线”完成。订单的收发是基于任意一种在自动化交易中使用的互联网应用，但不包括通过电话、传真或者传统 e-mail 进行的订单收发活动。

年新型信息消费示范项目名单。“一码贵州”通过整合物流、仓储等各种资源，将生产者、消费者、商家和政府连接起来：生产者可以售卖产品，还能获得平台的生产指导；消费者可以购买产品，还能享受产品溯源、配送到家等服务；商家可以自由入驻平台；政府可以获得平台运营的一手数据和基于数据的研究分析报告，便于政府进行态势研判及科学决策，指引行业发展。

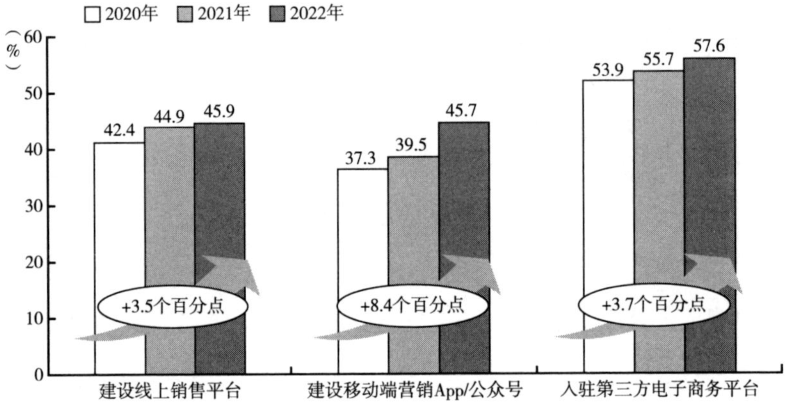

图 2-10　2020~2022 年贵州省第一产业企业通过互联网开展销售活动情况

注：该指标自 2020 年开始统计。

专题案例四

贵州交投农业产业发展有限公司——建设中国辣椒产业大数据综合服务平台

一、项目简介

贵州交投农业产业发展有限公司通过建设辣椒产业电商交易平台，推动辣椒产业线上产销对接，为产业链企业提供金融服务，同时汇集辣椒产业交易数据，发布辣椒价格指数及市场行情研究报告，为生产种植、政府监管、贸易决策提供数据参考。

二、融合路径

辣椒行业存在交易数据不对称、行业数据匮乏、金融支撑薄弱等痛点。该项目建设辣椒产业电商交易平台，提供线上交易、市场研究、金融支撑等服务，促进辣椒行业转型升级。在产品线上交易方面，公司建设了B2B电子商务平台，为各类辣椒批发商和辣椒采购商提供交易信息发布、在线订单、在线交易、物流配送、技术指导等服务，打通线上电商交易平台和线下辣椒园区的数据流，为辣椒批发商拓宽销售渠道；在市场研究分析方面，平台汇集辣椒园区各类线上和线下交易数据、物流数据、仓储数据，通过大数据分析提供每日辣椒价格指数和每月辣椒市场行情信息，客观反映辣椒市场的批发价格走势，并进行市场研判，为生产种植、政府监管、贸易决策提供数据参考；在金融服务方面，平台基于银行、P2P公司等金融机构的产品及服务，以供应链金融为主要金融产品，为种植户、商户和采购加工企业，提供农资产品消费金融服务、农产品供应链金融服务以及其他相关金融服务。

三、融合成效

通过平台建设，一是促进辣椒产销对接，将市场需求准确反馈给椒农，避免货不对市。推动线上产销对接，平台入驻商户超过200家，2019年累计交易额超过40亿元。二是指导辣椒种植和销售，通过辣椒价格指数发布中心，每日发布辣椒价格指数，每月发布辣椒市场行情分析报告，为辣椒种植、销售决策提供数据参考。三是消除辣椒行业“数据孤岛”，指导生产加工、商贸流通、检验溯源等环节标准化、高效率发展，推动辣椒产业转型升级。

新型营销方式蓬勃发展。2022 年贵州省第一产业重点行业市场营销渠道如图 2-11 所示。随着互联网的普及与应用，传统的传单、报刊广告等营销方式不再受企业所青睐，成本更低、效率更高且覆盖面更广的电子邮箱、网站、第三方平台等互联网营销成为农产品种植业企业的主流营销方式，62.2%的农产品种植业企业通过在微信、抖音等第三方平台建立单位官方账号发布内容进行营销。畜牧业企业客户主要是批发商和零售商，基于微信、抖音等第三方平台进行营销的企业比例达到 55.2%。

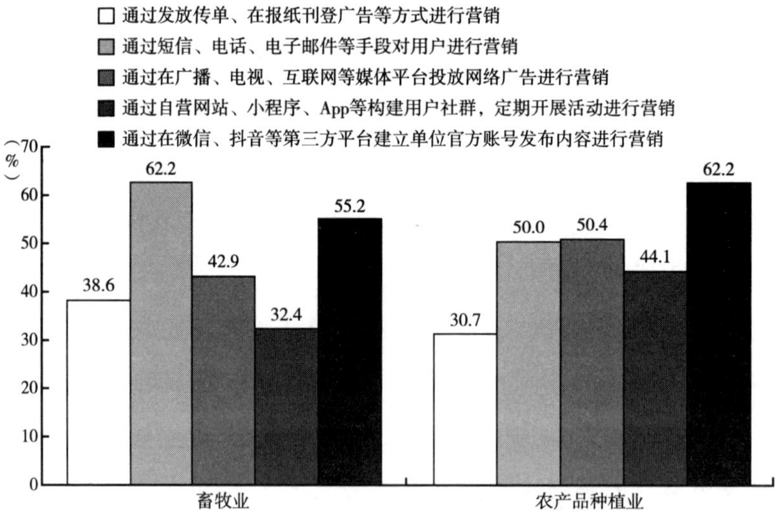

图 2-11　2022 年贵州省第一产业重点行业市场营销渠道

（五）融合效益：数字技术广泛应用，追溯技术助推质量提升

数字技术广泛应用于农业全产业链各个环节，融合程度不断加深。自开展“万企融合”大行动以来，贵州省第一产业的企业积极探索大数据与第一产业深度融合的各种可能性，在企业实践过程中，物联网、数字化种植、科学化喂养、土壤检测、电子商务、网络销售等数字化技术应用得到企业的广泛认可。大数据技术凭借其在产前、产中、产后的过程监控、科学管理与即时服务，从生产环节的物联网数据采集、土壤检测、智能喷灌，到初加工环节的自动化加工设备、机械臂，再到储运环节的RFID射频识别系统、立体货架，以及经营销售环节的数据分析、智能办公、电子商务，推动贵州省第一产业向优质、高产、高效、集约、绿色和安全的现代化方向转型迈进（见图2-12）。

图2-12　2022年贵州省第一产业最认可的数字技术

产业产值显著提升。从贵州省企业产值提升情况来看，2022年贵州省第一产业超八成企业使用数字化技术后产值出现明显提升。其中，畜牧业有提升的企业占比最高。数字化技术通过对牲畜、饲料等畜牧业养殖环节进行实时监测和数据分析，方便畜牧业企业及时调整生产策略，实现精准饲养、疾病预防、实时监控与全过程质量追溯，有效提升产品质量与附加值（见图2-13）。

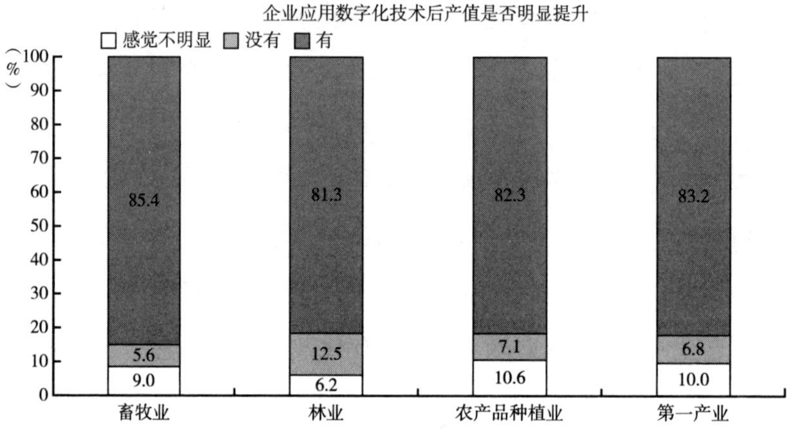

图2-13　2022年贵州省第一产业数字化技术应用效果

经济效益和社会效益随融合进程的深入而成效凸显。2022年，贵州省第一产业企业的成本费用利润率、销售利润率和社会贡献率分别达到10.7%、9.3%、17.6%，融合进程越为深入，融合价值成效越为凸显。其中2022年贵州省处于融合高级阶段的企业成本费用利润率、销售利润率和社会贡献率分别为13.0%、13.0%、22.5%，高出处于融合中级阶段企业2.2个、4.2个、4.8个百分点；处于融合中级阶段的企业成本费用利润率、销售利润率和社会贡献率分别较处于融合初级阶段企业高出2.8个、2.2个、6.0个百分点（见图2-14）。大部分企业到达融合中级阶段后，企业效益指标将会出现明显提升，利用大数据融合推动第一产业企业价值效益提升的空间广阔。

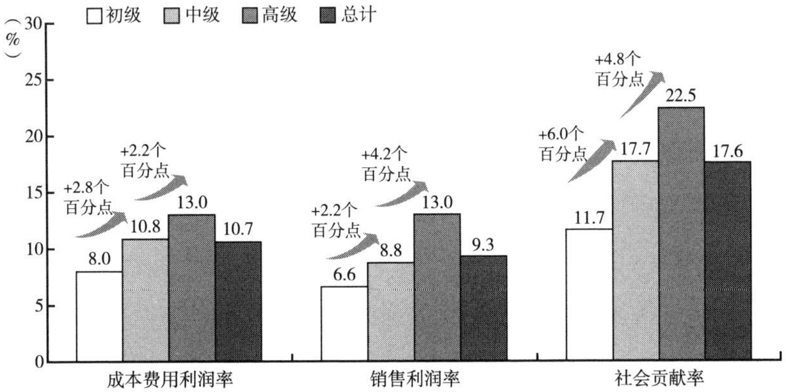

图 2-14　2022 年贵州省第一产业企业融合综合效益情况

产品质量合格率等融合竞争力提升显著。从贵州省第一产业企业开展质量追溯工作的情况来看，相较于尚未开展的企业，开展质量追溯工作的企业的产品质量合格率高出 4.0 个百分点（见图 2-15）。通过大数据技术对第一产业产品实现质量追溯，在让农产品来源可知、去向可追、质量可查、责任可究的基础上，还能监督企业依据安全标准对农产品进行生产加工，出现问题也能及时改进纠正，提升企业产品质量水平和品牌形象。

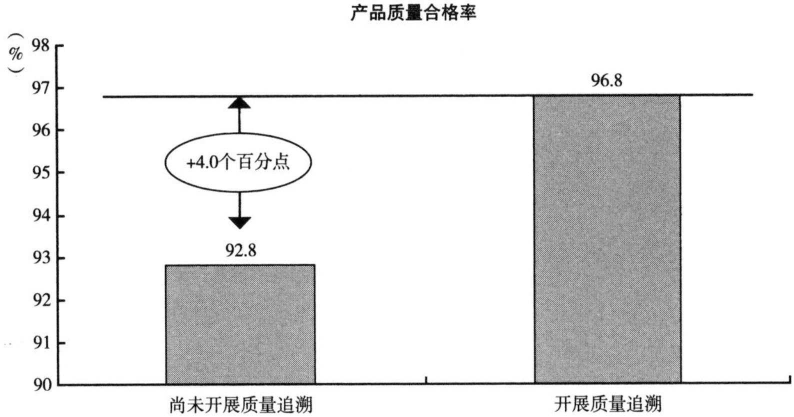

图 2-15　2022 年贵州省第一产业企业融合竞争力情况

专题案例五

贵州遵义茶叶交易中心有限公司——打造茶产业供应链综合服务平台

一、项目简介

贵州遵义茶叶交易中心有限公司开发了茶产业供应链综合服务平台，依托冷链仓储和动态监控系统实现仓库标准化管理和冷链全流程管理，助力产品溯源、提高仓储效率、减少商品损失。

二、融合路径

茶叶行业普遍存在产销对接不畅通、标准化技术匮乏等痛点。该项目开发了线上综合服务平台，促进茶叶行业产销对接，推进行业物流仓储标准化。在线上交易方面，公司开发的茶产业多功能电子商务服务平台（西部农产品交易中心）搭建多模式交易服务平台，包括信息平台子系统、订货交易子系统、现货交易子系统、供应链金融系统、门户网站等，实现B2B电商平台、B2C（O2O）电商平台等多模式交易；在物流运输方面，公司搭建标准化冷链动态监控系统，同时按照物流标准化要求改造茶叶保鲜冷库，建立智能仓储标准化管理系统，推进茶叶冷链物流标准化，实现冷库全流程出入仓监控管理、异常出入库报警等功能，助力产品溯源，有效提高仓储效率、降低仓储成本和减少商品损失。

三、融合成效

通过平台建设，企业一方面建立了茶叶电商交易模式，茶产业多功能电子商务服务平台累计入驻商家已达384家，覆盖商品达2785种，其中茶叶商品852种；另一方面帮助仓储降本增效，通过仓库数字化改造，装卸速度由原来的0.5吨/（小时·人）提高到1.2吨/（小时·人），工作效率提高了140%，装卸成本由原来的100元/吨降低为50元/吨，货损率由原来的6%降低至1%。

专题案例六

贵州金蟾大山生物科技有限责任公司——打造纳雍县食用菌全产业链数字化模式

一、项目简介

贵州金蟾大山生物科技有限责任公司通过开发环境控制系统、自动化生产系统、农产品溯源平台等系统，实现了菌种培养、菌棒生产、基地种植、包装运输、售后追溯等全环节的数字化管理，促进公司降本提质增效。

二、融合路径

传统菌种培育多采用人工记录和处理分析，存在数据准确性低、记录工作烦琐、数据不易对比等痛点。该项目对食用菌种植、加工、销售等环节进行数字化改造，促进公司提质增效。在种植环节，公司在菌种培养室中配置了温度、湿度、光照传感器等物联网设备，对培养室中温度、湿度、二氧化碳浓度等情况进行监测，并调试出适宜菌丝生长培养室环境条件；在生产加工环节，公司采用新式的自动装袋、插棒一体机，流水线式生产，实时对生产装袋量进行计数，自动对已装袋菌棒进行装筐运输；在售后追溯环节，公司建设了农产品溯源平台，对菌棒生产、包装、销售全流程数据进行记录，做到追溯信息实时查询，能够实现农产品从生产到进入批发市场、零售市场或生产加工企业前的可追溯管理。

三、融合成效

一是提高菌棒培养中的存活率，通过搭建培养室智能控制系统，提高菌棒存活率10%，提高出菇率15%；二是降低人工成本，提高收益，通过智能控制系统，降低人工成本20%，同时采用全自动装袋技术，节省时间成本8%，提高生产效率25%；三是实现食用菌生产过程监管与追溯，通过汇集食用菌生产、销售各环节数据，实现食用菌生长全过程质量管理，提升产品品牌效益。

第三章 贵州省大数据与第二产业融合成绩显著

一 发展基础

（一）环境：丰富的自然资源为第二产业融合发展提供契机

矿产资源为工业发展奠定基础。贵州省地处云贵高原，复杂的地质条件和温暖湿润的气候孕育了丰富的矿产资源。贵州省已发现矿种 137 种，其中 92 种已查明资源量，锰矿和重晶石资源量排名全国第一，为以磷化工、煤化工、钡盐、汞回收、橡胶加工等为主体的化工产业以及由黑色金属材料、有色金属材料、新材料组成的基础材料等工业高质量发展奠定了坚实基础。

充足的水电资源为第二产业融合发展创造条件。贵州省煤炭资源储量大、种类齐、品质优，是中国长江以南煤炭资源储量最大的省份，被称为“江南煤海”。贵州省水资源丰富，省内河流众多，与煤炭资源正向分布，山多水多、地势起伏较大，造就了贵州省丰富的水能、煤炭、风力及电力资源，2022 年，贵州省调度原煤产量 1.3 亿吨，电煤供应量达 7033 万吨，年发电量达 2335 亿千瓦时。充足的电力资源与相对低廉的劳动力成本、丰富的劳动力及园区厂房规模等构成了促进贵州省第二产业融合发展的优势条件。

（二）政策：新型工业化道路为第二产业融合发展开创局面

从国家层面来看，党的十六大报告指出，坚持以信息化带动工业化，以工业化促进信息化，走出一条科技含量高、经济效益好、资源消耗低、环境污染少、人力资源优势得到充分发挥的新型工业化路子。为进一步走好新型工业化道路，党的十七大提出两化融合，党的十八大强调两化深度融合，再到党的十九大大力推进互联网、大数据、人工智能和实体经济深度融合，无不体现着新型工业化道路发展的意义，特别是党的十九大提出大数据与实体经济融合以及党的二十大进一步强调促进数字经济和实体经济深度融合，为新型工业化道路的发展提供了一条扎实路径。在此期间，国家颁布了《“十三五”国家信息化规划》《信息化和工业化融合发展规划（2016—2020 年）》《“十四五”信息化和工业化深度融合发展规划》等一系列政策性内容，推进大数据与第二产业融合发展进程，促进新型工业化道路的高质量发展。

从地方层面来看，作为国家大数据综合试验区，贵州省瞄准以数据要素为关键生产要素的数字经济新浪潮，抢抓产业数字化转型新机遇，针对性制定出台数条规划意见，持续推动大数据赋能第二产业高质量发展。贵州省根据自身发展情况制定了《贵州省国民经济和社会发展第十四个五年规划和 2035 年远景目标纲要》《中共贵州省委　贵州省人民政府关于实施工业倍增行动奋力实现工业大突破的意见》《关于加快工业互联网创新发展推动新一代信息技术与制造业深度融合的实施意见》《支持工业领域数字化转型的若干政策措施》等政策文件，为稳步推进大数据与第二产业深度融合发展提供有力政策保障。通过大数据与第二产业深度融合的方式，更加精准地锚定“六大突破”“六个抓手”，更加坚定地以“五个倍增”为主线，更加明确地坚持把推进新型工业化作为经济高质量发展的首要任务，提供完善的政策体系化支撑，为实现贵州省“十四五”“开门红”扛起大梁。

（三）产业：快速发展的产业经济为融合发展提供广阔空间

产业规模稳步发展。“十三五”期间，贵州省第二产业发展进入较为重要的阶段，全省工业经济平均增速为9%左右，继续保持高于全国平均、高于西部地区的赶超态势。2022年工业增加值从2015年的全国第25位上升至第22位，规模以上工业企业单位增加值能耗逐年降低，以较低的能源消耗支撑了较高的工业经济增长。创造性地推进磷化工企业“以渣定产”，并于2020年基本实现磷石膏“产销平衡”。大宗工业固废资源综合利用率较2015年提高7个百分点，产业规模逐渐扩大，多领域发展稳步向前。

产业结构优化成果显现。截至2020年，贵州省拥有39个工业大类；轻重工业比重由2015年的38.7∶61.3调整为49.8∶50.2；制造业占全省工业的比重由66.4%提高到73.1%；能源原材料产业占比由53%下降到43%。2022年贵州十大工业产业除生态食品产业外，其余全部达到千亿元级；茅台集团营业收入突破千亿元，在全国酒类行业遥遥领先，为推动工业高质量发展创造了良好条件，产业结构得到进一步优化，以优势行业带动产业整体发展。

产业集聚优势渐显。“十三五”以来，贵州省开发区综合承载能力逐步增强，产业集中度进一步提升，总产值百亿元级及以上开发区达47个，其中，总产值突破千亿元的开发区2个。已成功创建13个国家新型工业化产业示范基地；新能源电池及材料、酿酒、磷化工、装备制造等支柱产业依托重点开发区形成了特色鲜明、优势明显、具备一定规模的产业集群，其中，纳入省级重点调度的新能源电池及材料项目大多布局在“一核两区”重点开发区内，产业聚集效应进一步增强。产业集聚优势渐显。

产业绿色发展达到新水平。“十三五”期间，贵州省规上工业企业单位增加值能耗累计下降25.4%。2022年，贵州省培育创建了国家级绿色工厂18家、绿色供应链管理企业2家、绿色设计产品6种型号、绿色工业园区8家，省级绿色工厂55家、绿色供应链管理企业7家、绿色设计产品16种型号、绿色工业园区3家。绿色制造水平进一步提升。

二　重点举措

贵州省坚定走新型工业化道路，不断总结大数据与第二产业融合发展成果，持续推进信息化与工业化深度融合建设，加速发展电子信息制造业、工业互联网等新兴产业，用大数据赋能传统企业高质量转型升级、绿色发展。

（一）推进信息化与工业化深度融合

煤炭产业安全生产及智能化改造。建设贵州煤矿大数据服务平台，实现煤炭生产、管理等业务的在线监测，提供生产设备运行管理智能化、协同化服务。

制造业智能化建设。加快以传感器、物联网为信息传输基础的智能网络和数字化生产线建设，提升制造业企业智能化制造和智能化管理水平。

军民融合产业大数据应用。促进军工企业和军民融合企业广泛应用大数据，推动移动互联网、物联网等应用于军工安全保密、产品设计等领域。

有色产业产线质量数字化管控。推动企业对铝电解生产的过程数据进行自动采集和分析，根据铝水平工艺条件进行原材料自动配比，实现铝锭品级率的精准控制和产品质量证明书自动生产。

民族制药产业生产过程自动化。围绕解决多组分中药提取纯化和质量控制难的共性问题，推进关键性工艺参数的实时采集检测和分析调控，对提取、浓缩等重点工段进行改造提升，加快中药标准化、现代化进程。

制造业网络化协同。在消费电子、机械、服装等行业推动网络协同设计、虚拟仿真、众包研发设计，在有色、化工等行业开展网络化协同供应链管理。

传统行业服务化转型。推动化工、钢铁、装备、白酒、农产品加工等行业运用互联网开展产品全生命周期的管理增值服务，搭建工业电商平台，拓宽发展空间和产品渠道，培育“制造+服务”跨界融合的新市场主体。

（二）开展传统企业大数据运用能力建设

提升企业对云技术的应用水平。推动企业能力云端聚集，提升企业快速响应和柔性高效的供给能力。推动云产品及服务在企业中的应用，加快实现企业全流程数据云端汇聚和生产管理过程的数字化、网络化、智能化管控。引导大中型企业信息基础架构和应用系统向云上迁移。支持大中型企业推进基础设施、管理、业务及综合集成应用上云，开展基于云平台的网络化协同、移动化办公和智能化改造，减少企业信息化成本。

推进企业网络化协同改造。推进企业全产业链改造升级，加快实现传统的串行工作方式转变为并行工作方式，最大限度缩短产品研发和生产周期。推进企业智能化和数字化改造，推进企业资源高度共享、能力全面协同。加快推进信息系统综合集成，逐步提高生产过程自动化控制水平，有序推进信息技术由单项应用向集成提升发展。

推进“个性化定制”服务。拓展个性化需求，加快推进企业柔性制造，开展精准营销、质量追溯、差异化服务，最大限度满足用户个性化定制需求。推动传统企业从被动生产向交互生产转化，逐步实现个性化、定制化的生产制造。推进个性化服务，对原有的业务服务流程及模式进行设计优化，提供低成本、高质量、高效率和用户满意的个性化定制服务。

培育系统集成商。依托航天云网、力创科技、阿里巴巴等企业在智能制造方面的技术、人才优势，在全省培育一批智能制造系统集成商，针对全省企业不同层次的智能化改造需求，量身打造智能制造解决方案。

（三）加快以电子信息制造业为主的新兴产业培育

发展电子信息制造业。以智能终端为重点，加快打造贵阳、遵义、贵安新区等智能终端产业集聚区，支持终端芯片及智能终端产品技术研发与产业化，大力发展国产化 ARM 架构服务器处理器芯片、智能手机、平板电脑、智能穿戴、智能家电、服务器等数字终端产品。2022 年电子信息制造业增加值同比增长 45.9%。

发展工业互联网。加快推动低时延、高可靠、广覆盖的工业互联网网络基础设施建设，持续推进网络提速降费。加快推进标识解析体系应用，赋予工业互联网机器和产品“身份证”，为供应链系统与企业生产系统精准对接和人、机、物全面互联提供基础标识。以贵州工业云为重点强化工业互联网平台支撑能力，鼓励龙头企业积极搭建企业级平台，形成各有侧重、协同集聚发展的工业互联网平台体系。通过工业互联网平台整合资源，构建设计、生产与供应链资源有效组织的协同制造体系，提升大型企业的集成创新应用水平。通过推动低成本、模块化工业互联网设备和系统在中小企业中的部署应用，推动工业互联网在中小企业的普及应用。2022 年贵州省发布 60 个工业互联网融合标杆项目，打造了车间级、企业级、集群级等新标杆，全省工业互联网平台体系初步形成，在工业领域依托工业互联网平台实现研发设计、生产制造、运营管理等业务规模化应用。

发展工业品电商。推动化工、钢铁、装备、白酒、农产品加工等行业运用平台大力发展采购和营销两端的电子商务，带动上下游产业链产品及服务发展创新，实现线上线下（O2O）融合发展。依托贵州工业云搭建跨境电商平台，开展深度需求交互和精准大数据营销，依托个性化、网络化定制服务，提供企业发展空间和产品渠道，支持优强企业走出贵州，培育“制造+服务”跨界融合市场主体。

（四）推进工业互联网网络信息安全工作

建立健全安全防护设施，强化技术防范，严格安全管理，切实提高防攻击、防篡改、防病毒、防瘫痪、防窃密能力。加强对工业云平台、工业控制系统，以及物联网应用的安全防护和管理，定期开展安全检查和风险评估，对工业控制重点领域使用的关键产品，定期开展安全测评，实行安全风险和漏洞通报制度。建立工业控制安全管理体系，以数据安全为基础，以风险管理为核心建立健全数据安全管理体系、网络式安全保障体系等，切实保护数据安全。落实信息安全等级保护制度，强化网络与信息安全应急处置工作，完善应急预案，加强对网络与信息安全灾备设施建设的指导和协调。

三　融合成效

（一）融合概况：融合发展持续领跑三次产业，现代化工产业融合发展效果突出

2022年贵州省大数据与第二产业融合发展水平达到45.2，连续五年领跑三产发展，较2018年提升19.9%。在大数据赋能下，2022年贵州省两化融合发展水平达到53.4，较2018年提升20.0%（见图3-1），首次进入全国第二梯队，位于全国第18名。五年“万企融合”发展为贵州省第二产业再次注入新鲜活力。

分产业来看，截至2022年，现代化工产业融合发展水平达到56.7，保持领先。现代化工是贵州重要工业支柱以及特色优势产业，近年来，贵州省化工产业坚持生态优先，绿色发展，融合推

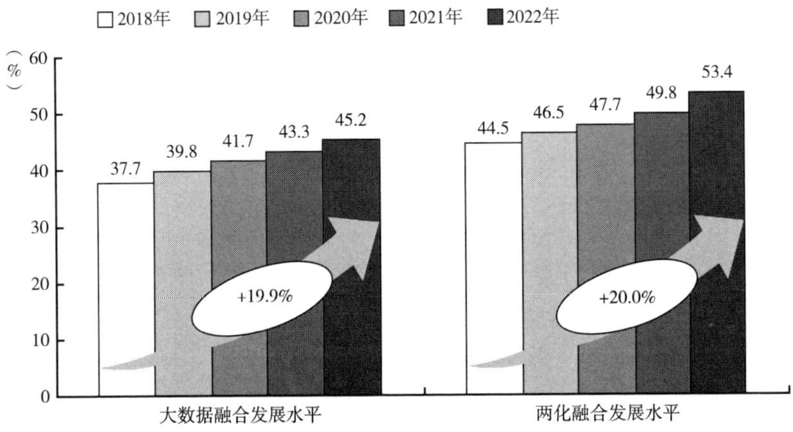

图 3-1 2018~2022 年贵州省第二产业融合发展水平对比

进，依托丰富的磷、煤、重晶石、锰矿、汞等矿产资源，形成具有特色的贵州省现代化工产业体系，利用大数据技术有效促进工业总产值和增加值不断提升。新能源汽车产业作为贵州省融合发展的“后起之秀”，2022 年大数据与新能源汽车产业融合发展水平达到 51.4，在贵州省重点产业中位列第二。在其他重点产业中，2022 年大数据与先进装备制造产业、健康医药产业、基础材料产业、优质烟酒产业、新型建材产业的融合发展水平分别达到 49.5、48.3、47.6、41.4、43.4（见图 3-2），较 2020 年增长 4.7%（47.3）、7.6%（44.9）、6.5%（44.7）、3.2%（40.1）、15.4%（37.6），其中新型建材产业增长势头最为强劲。

融合进程不断深化。2022 年贵州省第二产业企业中，处于融合初级阶段的比例为 39.5%，处于融合中级阶段的比例为 48.2%，处于融合高级阶段的比例为 12.3%。近年来，贵州省深入实施“万企融合”大行动，推动大数据、云计算、人工智能等新一代信息技术与第二产业深度融合，有效提升了第二产业数字化、网络

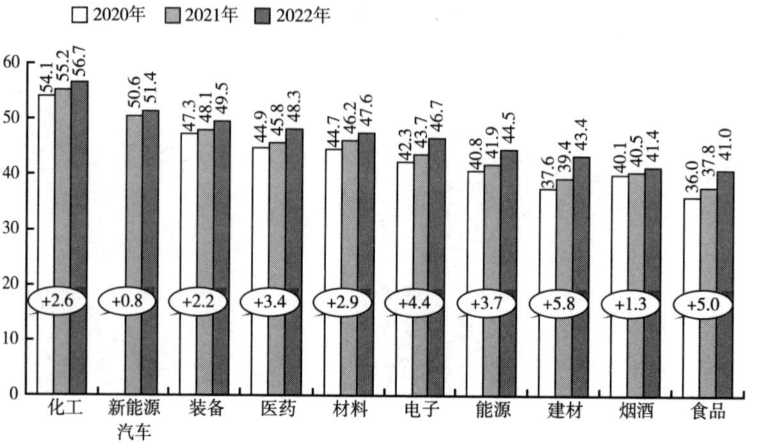

图 3-2　2020~2022 年贵州省大数据与第二产业重点产业融合发展水平对比

注：新能源汽车于 2021 年开始评估。

化、智能化水平，为构建新兴工业体系打好坚实的基础。五年来，贵州省第二产业处在初级阶段的企业比例累计降低 14.2 个百分点，处在中级阶段和高级阶段的企业比例分别累计提升 7.4 个和 6.8 个百分点，具体如图 3-3 所示。

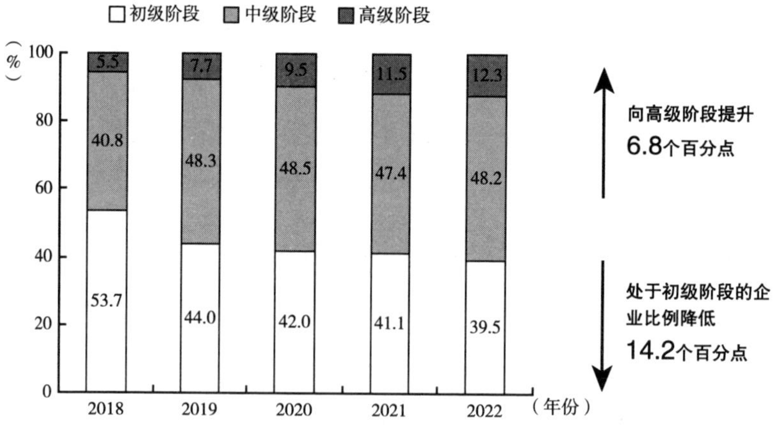

图 3-3　2018~2022 年贵州省大数据与第二产业融合发展进程

重点行业争相发力。从行业角度来看，2022 年电力行业、制造业、建筑业、采掘业处于融合初级阶段的企业比例分别为 13.2%、35.8%、45.6%和 39.3%，处于融合高级阶段的企业比例分别为 15.2%、12.2%、11.6%和 11.2%。其中电力行业融合程度最深，处于融合高级阶段和中级阶段的企业比例明显高于整体水平，具体如图 3-4 所示。近年来，贵州电网公司落实大数据战略，着力推动电网数字化、管理数字化、服务数字化和能源生态数字化。例如，贵州电网公司试点建设了站后双回线数字输电线路，设计了基于北斗定位系统、激光雷达扫描等技术的无人机巡航路线。目前该线路已经实现了日常巡视人工替代率 90%、特殊巡视人工替代率 100%，故障率至今为 0。

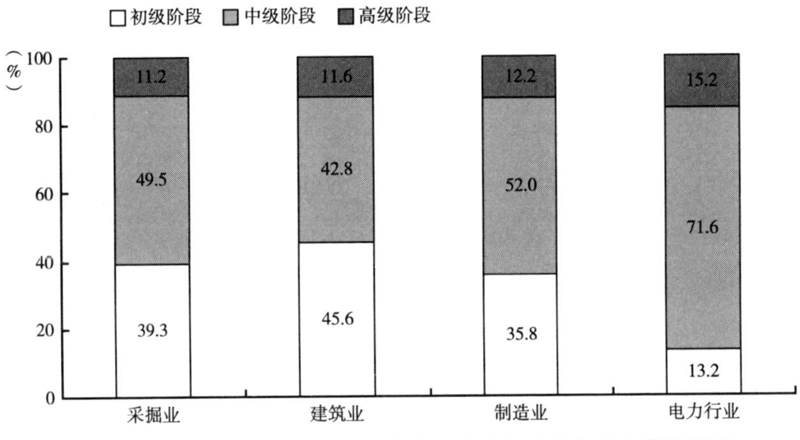

图 3-4　2022 年贵州省大数据与第二产业重点行业融合发展进程

（二）数字应用：工业软件重视程度不断增强，第二产业数字化转型进入快速发展期

工业软件加快普及。2022 年贵州省工业软件普及率持续增长，相较于 2018 年实现跨越式提升。其中经营管理类软件 ERP 是数字

化应用普及度最广的环节，普及率超过50%，产品研发类软件PLM普及率达到24.5%，位列全国第11，进步明显。生产控制类软件MES作为工业软件中的核心内容，其应用程度逐渐成为贵州工业企业发展的主攻方向，2022年贵州省MES普及率达到28.5%，位列安徽、福建、河北之前，利用工业软件推动产业数字化发展成效明显。2022年贵州省PLM和MES普及率成功赶上甚至超越全国平均水平（见图3-5），标志着贵州在工业软件应用方面取得了阶段性成果。通过五年的积累与发展，贵州在工业数字化探索方面走出了“贵州”路线。

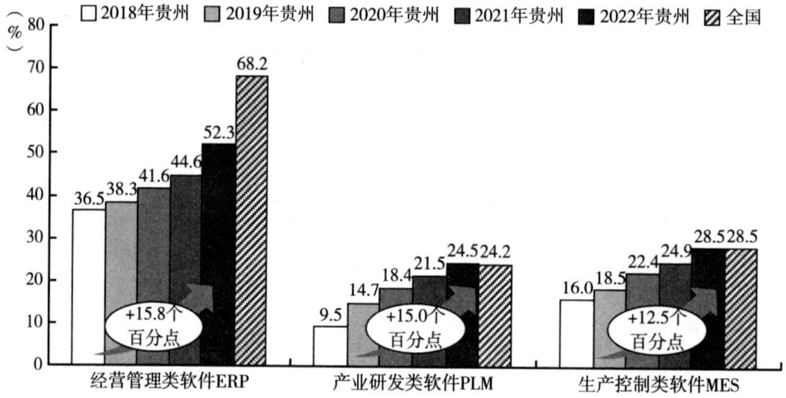

图3-5　2018~2022年贵州省和全国工业企业主要软件和系统应用情况

专题案例一

贵州国台酒庄有限公司——建设数字化智能化密集高架酒库系统3.0

一、项目简介

贵州国台酒庄有限公司通过部署密集货架和相关大数据、物联网软硬件平台，在原第1代和第2代酒库管理系统投入使用的基础上，将其优化升级为3.0版本，以实现基酒自动输送、酒体分区分类分级、可追溯的数字化精益管理。

二、融合路径

传统基酒运输主要依赖人力，运输成本高、效率低，而且不能在密闭环境运输发酵，影响产品质量。该项目通过在原酒库硬件的基础上融合先进的物联网技术，辅以能提高酒库整体运行效率的WCS酒库运行控制软件、能提升存储工艺和效率的WMS仓储监控管理软件和能实现企业生产环节信息追溯管理的ERP信息管理系统，实现基酒自动输送、酒体分区分类分级、可追溯的数字化精益管理。

三、融合成效

一是提高经济效益，提高了单位用地面积上的基酒储能，储存同样数量的基酒，所需的用地面积更少，可新增基酒储能约10000吨，从而节约数亿元的酒库基础建设费用和土地出让金；二是提升管理效益，基酒自动输送、酒体分区分类分级、可追溯的数字化精益管理，能满足大型酒企对海量基酒数据的管理和调度需求，为后续更加精细化的酒体分类定级需要、精益求精的酒体设计和勾调操作打下坚实基础。

数字化改造加速推进。数字化研发设计工具普及率和关键工序数控化率是衡量数字化转型程度的重要标志性指标，也是《“十四五”信息化和工业化深度融合发展规划》关注的重点指标。2022年贵州省数字化研发设计工具普及率和关键工序数控化率分别为69.6%和50.3%，相较于2018年提升20.9个与17.1个百分点，实现巨大飞跃（见图 3-6）；与 2021 年相比，分别提升 7.9 个、7.6 个百分点，增幅高于全国水平 5.0 个、3.5 个百分点，也显著高于重庆（2.8 个、3.0 个百分点）、四川（1.9 个、4.5 个百分点）、广西（4.9 个、6.2 个百分点）、湖南（1.5 个、5.1 个百分点）等周边省（区、市），第二产业数字化转型进入快速发展期。

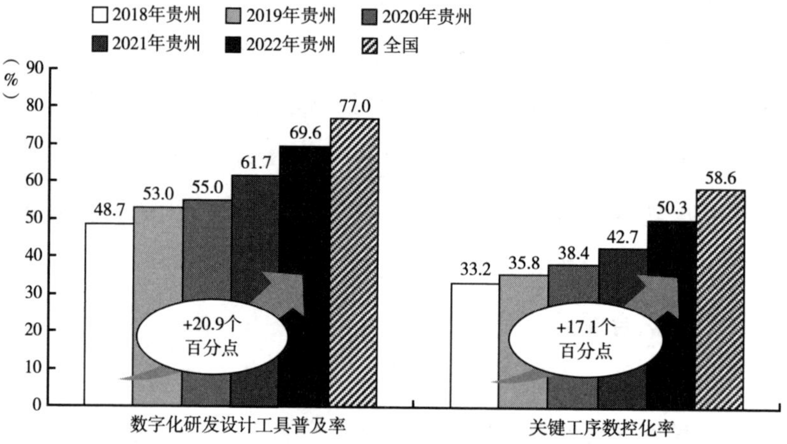

图 3-6　2018~2022 年贵州省和全国工业企业数字化研发设计工具普及率和关键工序数控化率情况

专题案例二

贵州汉方药业有限公司——建设设备实时数据采集、分析及应用平台

一、项目简介

贵州汉方药业有限公司通过部署数字化设备及改造现有设备，实现车间设备的信息化、数字化管理，提高设备管理水平，提升生产效率及产品质量，降低生产成本，同时为公

司经营管理人员进行投资、经营决策提供科学依据。

二、融合路径

传统生产车间设备数字化程度低，生产数据的收集、管理使用人工完成，存在数据准确率低、生产成本高等痛点。该项目通过对车间药浸膏专用喷雾干燥机、卧式沸腾干燥机、湿法制粒机等总计51台设备进行数字化及智能化改造，实现感知设备、传感器、生产装置、控制系统与管理系统广泛互联，关键工序、关键设备数字化率大幅提升；通过建设车间层电子看板，在车间显示屏上实时呈现出设备信息、生产信息、质量信息，为现场管理提供实时参考数据，同时生成各种数据报表，为企业生产、质量、设备等管理提供决策依据。

三、融合成效

一是通过中药制造全流程的自动化、智能化、信息化、数字化覆盖和规范，建设符合传统中药制造的生产模式和质量管理模式，使贵州省传统中药制造工业的生产和质量管理模式发生根本改变，使自动化、智能化、信息化、数字化与传统工业形成深度融合，最终提升月度生产能力约5%，提高产品合格率约3%，节约月度水电气用量4%；二是通过车间层电子看板汇聚、分析生产过程中的数据，为生产管理和决策提供数据支持，实现生产智能控制和运营智慧管理决策。

（三）网络协同：积极探索工业互联网应用，网络协同实效性加快成长

第二产业网络化协同初具规模。2022 年贵州省工业企业实现网络化协同的比例为 36.4%，比 2021 年增长了 0.7 个百分点，比 2018 年增长了 11.4 个百分点，增长幅度约为全国平均水平的两倍，与全国平均水平的差距总体呈缩小态势（见图 3-7）。网络化协同是指使用数字技术实现不同企业在产品设计、生产制造等环节的密切合作，以达成降低交易成本、充分利用资源的目的。实现网络化协同企业比例的逐年增长标志着跨企业的网络化产品设计、跨企业的网络化生产制造等行为得到充分的应用，工业互联网效应逐渐凸显。

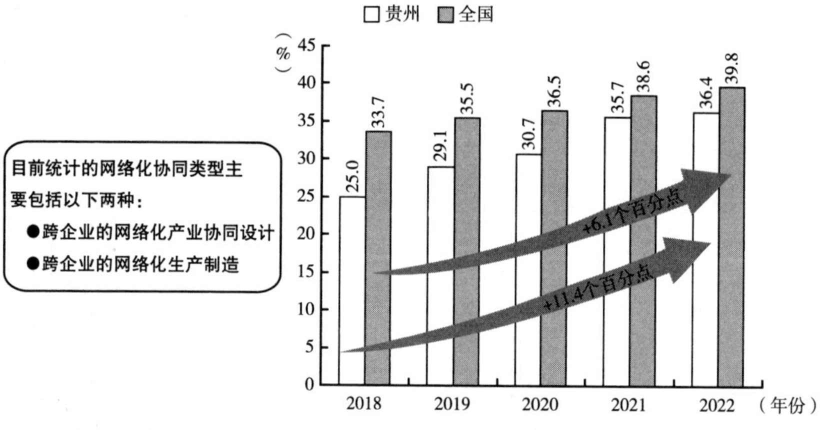

图 3-7 2018~2022 年贵州省工业企业实现网络化协同的企业比例

网络化协同让产业融合更强劲。网络化协同能够降低不同企业之间的沟通成本，拓宽企业边界，加强企业间合作交流，优化供应链资源配置，提高生产效率。为了促进互联网与产业深度融

合，激发企业创新活力，贵州省整合全省产业资源与需求，积极打造工业互联网平台体系，推动企业协同制造。例如，贵州航天云网科技有限公司针对区域内资源调度问题，打造了区域级工业互联网，实现了产业内及跨产业链企业协作，目前已建成黔南工业云、贵阳国家经开区工业互联网平台、毕节工业云平台等多个省内区域级平台。

专题案例三

贵州航天云网科技有限公司——打造贵州工业互联网平台

一、项目简介

贵州航天云网科技有限公司基于全国首个工业互联网平台 INDICS+CMSS 打造了贵州工业互联网平台，将新一代信息技术与贵州省工业企业结合，以智能制造、工业互联网、工业大数据、供应链等为突破口，全面整合全省范围的产业配套需求与能力，并从系统总体架构、板块功能框架设计、行业应用板块设计、集成方案设计、平台安全建设等五大方面规划和建设。

二、融合路径

针对工业领域数字化转型过程中存在的缺少汇聚软件、解决方案的工业互联网公共服务平台痛点，贵州工业互联网平台通过云平台以及专业应用资源库，为企业提供设备接入平台、数字设备管理、基于物联网的工业云检测、中小企业生产管理云服务等服务，推动中小微企业参与以龙头企业为核心的产业链协作，提高企业的工作效率和创新工作能力。

三、融合成效

目前，贵州工业互联网平台注册用户有16.58万户，接入企业关键生产经营及检验检测设备1684台，汇聚处理了近500TB工业数据，提供了190款管理和工程软件、2.5万项专利、3.6万条标准、113家大数据企业、260个大数据及智能制造解决方案、142个实施案例供企业筛选使用，平台累计发布供需信息2.83万条，涉及金额228.89亿元，成交金额突破100亿元。

（四）智能生产：数据要素循环基础不断夯实，智能化发展扬帆启航

第二产业智能化发展进入摸索阶段。2022年贵州省工业中制造业企业初步具备智能制造基础条件的企业比例为9.1%，相较于2018年增长了4.8个百分点，与全国平均水平（12.6%）仍有一定的差距。从2018年的4.3%到2022年的9.1%，贵州省智能制造就绪率翻了一番，增长速度较快（见图3-8），智能化发展进入摸索阶段。

智慧工厂赋能传统产业转型升级。以民用爆炸物品行业为例，智慧工厂在矿山开采、油田开发、工程爆破等领域起着关键作用。为促进民爆行业安全有序发展，贵州省给予各种政策、资金鼓励民爆生产企业技术创新。贵州保利联合盘江民爆有限公司抓住机遇，不断对生产工艺技术和装备等进行优化，构建起自动化、数字化、智能化的“智慧工厂”。在生产环节建设了新型智能生产线，相较员工众多、作业风险高、产能一天数千发的传统雷管生产线，新型智能生产线不仅实现了人机隔离，同时节约操作人员

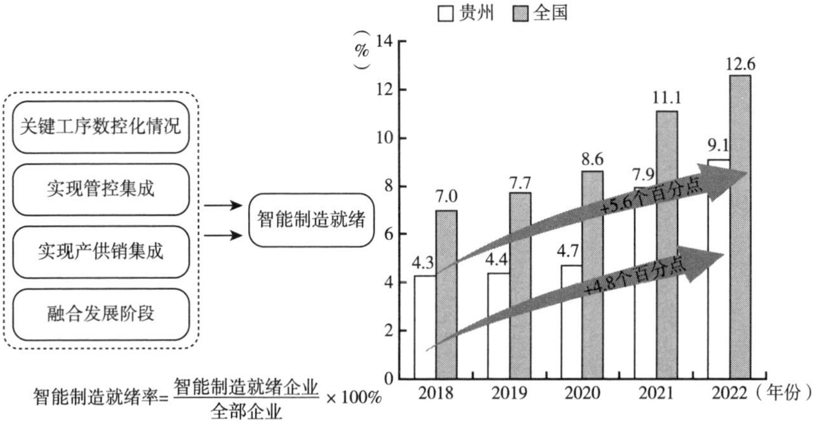

图 3-8 2018~2022 年贵州省和全国工业企业智能制造就绪率情况

160 人以上，一天双班产能 8 万发，在保障了员工生命安全的同时实现降本增效。在工厂管理环节自主研发了门禁式定员监控系统，在行业内率先实现对危险品生产区域人数的有效管控，还自主研发了智慧安全管理系统，对安全管理的关键环节进行快速感知、监测、预警、处置和分析。智慧工厂的建设不仅提升了企业的生产安全水平，还提高了产品生产效率，企业竞争力大幅提升。

专题案例四

贵州玉蝶电工股份有限公司——打造电器工业数字化生产基地

一、项目简介

贵州玉蝶电工股份有限公司积极开展智能制造，打造数字化生产基地，在生产车间应用智能机器人、机械臂、AGV 小车等智能设备，基于工业大数据云平台实现线缆制造生产、仓储等各个环节的数据汇集，并通过数据分析为生产计划和设备维保提供决策参考。

二、融合路径

原有生产车间存在生产场地较小、生产设备老旧、生产效率较低等问题，无法满足日益增长的市场需求，生产车间转型升级刻不容缓。该项目从生产、物流、管理环节入手，构建智能制造模式，提升公司生产效率。在生产环节，公司在所有生产线上安装智能数据采集器，使用智能机器人及机械臂等智能制造装备，并积极应用 MES，打造智能制造车间；在物流环节，公司建设玉蝶智能仓储系统，依靠 AGV 小车和机械臂实现仓储全流程自动化和机械化；在管理环节，公司开发 APS 管理应用平台，通过系统集成实现生产与管理层实时数据交换，形成支持执行、决策、控制等的良性数据流循环。

三、融合成效

一是提升生产效率。数字化生产基地投入使用后，电线电缆产能从 90 万公里/年提升到 160 万公里/年。二是提高产品质量。在工业自动化的基础上，充分发挥智能化设备优势，优化产品制造工艺工序，产品合格率由 99.7% 提升到 99.9%。三是降低生产能耗。实现设备数据自动采集、大数据分析、可视化展现、智能化决策、智能化生产管控等数字化管理后，企业彻底告别粗放式管理，生产车间能耗降低 40%。

（五）个性化定制：新趋势催生新模式，个性化定制蓬勃发展

第二产业个性化定制迅猛发展。2022年贵州省制造业企业开展个性化定制服务的比例为11.1%，相较于2018年（5.2%）增长了5.9个百分点。与全国平均水平相比，从2018年的明显落后，到2022年的微弱领先，贵州个性化定制迅猛发展（见图3-9）。新一代消费者个性化、多样化的消费需求对制造业企业提出了更高的要求。企业开展个性化定制服务，让消费者参与产品的研发、生产等过程，能够满足消费者的个性化需求，提升消费者满意度，最为契合未来消费的发展趋势，也是制造业实现新型工业化的重要途径。

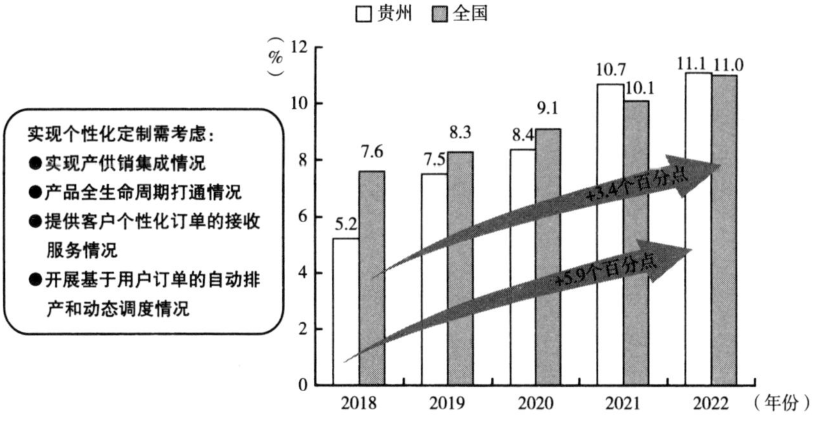

图3-9　2018~2022年贵州省制造业企业开展个性化定制的情况

消费新趋势催生生产新模式。企业竞争日益激烈，想要在诸多同质产品中脱颖而出，就必须进行差异化竞争，为客户提供差异化、个性化的产品及服务。近年来，奇瑞万达贵州客车股份有

限公司致力于客车整车研发、制造和销售，产品涵盖公路客运、旅游、公交、团体等各个细分市场，具备年产3万台客车的能力。通过对工业互联网与工业机器人的综合利用，奇瑞万达增强了客车生产线的柔性制造能力，实现了大客车“一单一议”的定制化生产，满足了客户个性化、多样化的生产需求。从“大规模批量生产”到“小规模柔性定制生产”的背后是制造业企业对消费者需求的有效洞察。依据市场需求制定生产模式，正为具有潜能的企业参与市场竞争开辟新赛道。

（六）服务延伸：制造与服务相融合，服务化延伸促增长

第二产业服务化延伸稳步增长。2022年贵州省工业中制造业企业开展服务型制造的企业比例为29.3%，相较于2021年的24.8%增长了4.5个百分点，比2018年增长了11.8个百分点，5年间增长幅度约为全国平均水平的两倍，与全国平均水平的差距进一步缩小，具体如图3-10所示。服务化延伸是制造业转型升级的重要方向之一，现代服务业与先进制造业相融合，更是增强产业核心竞争力、培育现代产业体系、实现高质量发展的重要路径。

“产品+服务”驱动产业价值链升级。贵州兴达兴建材股份有限公司通过自主研发的砼智造工业互联网平台，从传统混凝土生产企业转型为向行业提供数字化转型解决方案的服务商。2022年以来，兴达兴公司继续加大投入，加快工业互联网应用创新推广中心的建设，不断拓展新型应用场景，积极推进工业互联网在行业内的普及。目前，砼智造工业互联网平台已有30余家企业在线。制造业与服务业相融合，为传统制造业企业注入新的活力。

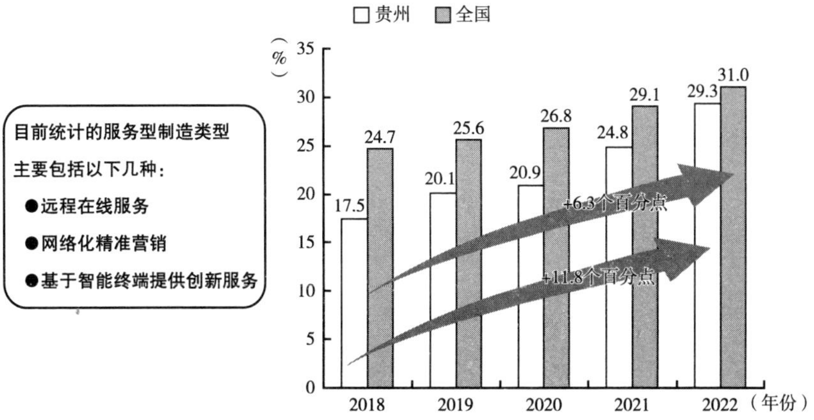

图 3-10 2018~2022 年贵州省和全国制造业企业开展服务型制造的企业比例

越来越多的贵州制造业企业积极探索“产品+服务”新模式，不再拘泥于传统的产品售卖，而是积极探索能为顾客提供的创新服务，驱动产业价值链升级。

专题案例五

贵州兴达兴建材股份有限公司——打造砼智造高性能混凝土信息化产业平台

一、项目简介

贵州兴达兴建材股份有限公司开发了砼智造高性能混凝土信息化产业平台，通过 PLC、ERP、GPS、RFID 以云端数据链接生产装备及原料、产品，联通各板块“信息孤岛”，对原材料、生产、运输、施工全过程进行实时数据采集、实时数据监测和综合集成应用，在制造过程中进行感知、分析、推理、决策与控制，实现产品需求的动态响应及对生产和供应链的实时优化，最终实现产业的流程型智能制造。

二、融合路径

针对混凝土产业普遍存在的数据不可靠、不规范和“数据孤岛”等痛点，公司开发了砼智造高性能混凝土信息化产业平台，助力企业充分发挥数据价值，促进企业生产效率和管理水平的提高，推动混凝土产业融合升级。平台采用标准的工业化控制协议为统一接口，对现行混凝土行业设备进行快速的资源配置，同时结合大数据和云计算技术实现对生产过程数据的监控和分析，为企业提供云制造服务以及创新设计、供应链协同、远程维护等云应用服务，支持企业内部生产制造、物料管理、流程优化、协同管理等环节的信息互联共享，促进企业内外部创新资源、生产能力、市场需求的集聚与对接，实现业务的拓展。

三、融合成效

一是提升产品质量，提高生产效率，降低产品研发周期50%，降低次品率60%，降低人工成本50%，提升生产效率10%；二是形成订单式生产模式，生产制造与市场需求实时联动，降低交易成本50%，降低采购成本10%；三是实现产品物流智能配送，降低搅拌车油耗成本30%，降低车辆空载率40%；四是实现混凝土流程型智能制造和全产业供应链协同，依托“高性能混凝土智能工厂”打造形成混凝土制造+服务新模式，全面提升了混凝土行业的制造水平和服务能力。

专题案例六

贵阳飞龙雨实业有限公司——打造飞龙雨生产经营大数据分析平台

一、项目简介

贵阳飞龙雨实业有限公司打造飞龙雨生产经营大数据分析平台，采用物联网、大数据等技术手段，以数据驱动企业生产经营，将企业生产制造、订单销售、物流配送、客户管理等流程环节的数据信息进行提取和分析，实现企业生产运行主要环节的数字化实时监测，有效降低生产成本、提高公司利润率。

二、融合路径

传统饮用天然水行业数字化程度较低，不能充分利用数据的价值，无法有效协调水站货源及物流资源以实现精准配送。该项目开发的飞龙雨生产经营大数据分析平台主要采用物联网、大数据等数字技术手段对企业生产运行进行监测、对产品信息进行溯源、对配送物流实现实时跟踪，同时建立客户关系管理系统。帮助公司实现运营动态监测、用户画像分析、供应链条优化、决策效果评估等多种基础应用，通过大数据推动企业由传统的生产制造企业转变为服务型企业。

三、融合成效

一是提升订单转化率。通过建立用户画像，对用户饮水频次、饮水习惯进行分析，依托手机 App 定时推送订水提醒，让用户养成良好饮水习惯，提升订单转化率 15%。二是降低成本。通过项目实施，累计降低物流成本 25%，每年节约物流成本 100 万元，提升年利润 30%。

（七）融合效益：能源管理助力绿色发展，数字设备提升产能效率

经济效益和社会效益随融合进程的深入而凸显。2022 年贵州省第二产业企业的成本费用利润率、销售利润率和社会贡献率分别达到 13.7%、11.8%、18.0%，融合进程越深入，融合价值成效越凸显。其中，2022 年贵州省处于融合高级阶段的企业成本费用利润率、销售利润率和社会贡献率分别为 16.8%、15.5%、22.0%，高出处于融合中级阶段企业 4.7 个、5.5 个和 3.5 个百分点，处于融合中级阶段的企业的成本费用利润率、销售利润率和社会贡献率分别较处于融合初级阶段企业高出 2.2 个、3.0 个、6.5 个百分点，具体如图 3-11 所示。持续推进大数据与实体经济深度融合工作，有利于激发企业活力、提高企业生产效率与绩效水平，对提高社会经济效益、优化资源配置具有重要意义。

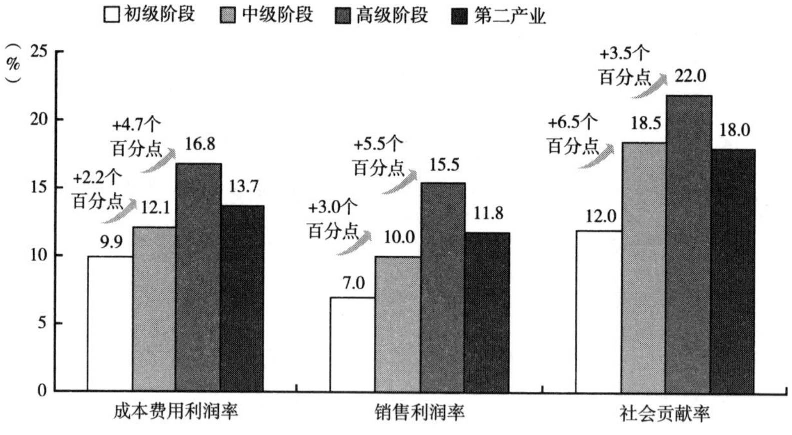

图 3-11　2022 年贵州省第二产业企业融合综合效益情况

能源管理促进产业绿色转型。从贵州省第二产业中采掘行业企业能源管理开展情况来看，开展能源管理工作的企业能耗降低率为36.4%，显著高于尚未开展能源管理的企业（19.7%），具体如图3-12所示。相比传统能源使用方式，基于数据开展的综合能源管理服务在提升能源利用效率、降低用能成本、提高可再生能源比重等方面优势明显。通过数据融合实施能源管理，对引导工业企业能源消费方式的转型和升级，推进形成绿色生产方式，贯彻落实碳达峰、碳中和发展目标至关重要。

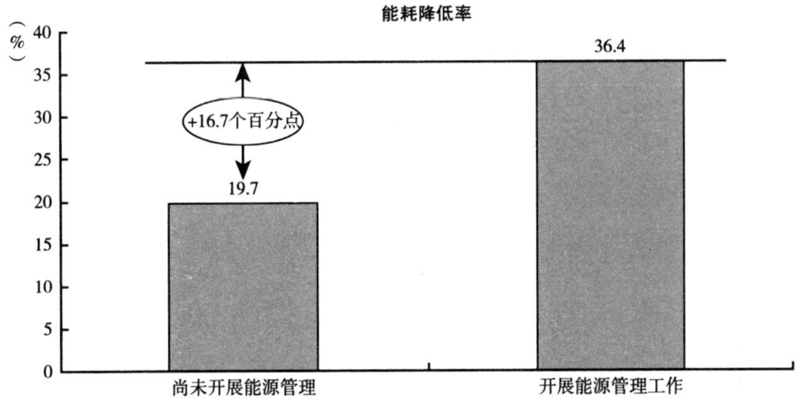

图3-12　2022年贵州省采掘行业综合能耗情况

数字化设备助力企业提升产能效率。从贵州省第二产业中采掘行业企业不同数字化设备占比的产能和设备利用效率情况来看，数字化生产设备占比大于等于50%企业的产能利用效率和设备综合利用效率分别为86.3%和94.7%，显著高于数字化生产设备占比小于50%的企业。联网的数字化生产设备占比大于等于50%企业的产能利用率和设备综合利用效率分别为86.8%和95.3%，显著高于联网的数字化生产设备占比小于50%的企业，具体如图3-13所示。产能利用效率和设备综合利用效率都是衡量企业发挥生产能力程度的指标。提升生产设备数字化水平和数字化设备联网水平有助于企业提升实际生产能力、减少设备生产能力的浪费，变相地降低生产成本。

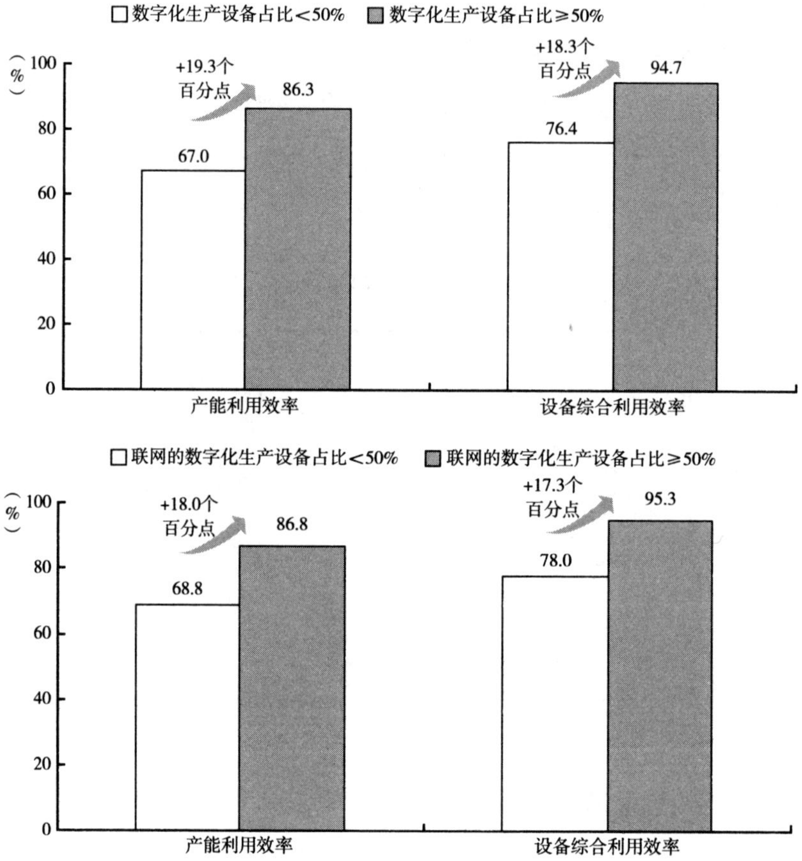

图 3-13　2022 年贵州省制造业不同设备数字化和联网水平的企业设备和产能情况

第四章 贵州省大数据与第三产业融合持续优化

一　发展基础

（一）环境：自然环境与交通网络为第三产业融合发展助力增效

自然环境与人文历史资源激发贵州潜力三产。先天的自然旅游优势资源孕育了贵州省旅游业得天独厚的发展潜力。贵州旅游资源共涉及 12 个主类 40 个亚类，除河口与海面（观光游憩海域、涌潮现象、击浪现象）、冰雪地（冰川观光地、常年积雪地）及雅丹、海市蜃楼之外的 203 个基本类型，贵州均有分布。贵州自然类旅游资源以地文景观、水域风光和生物景观为主，且占新发现资源的绝大多数，占 70%~80%；人文类景观以建筑与设施、遗址遗迹、乡村旅游类为主。加之贵州省少数民族众多，民族历史文化厚重，是革命文化圣地，红色旅游资源丰富，为贵州省旅游业、服务业深度挖掘提供了充沛的基础条件，为贵州省大数据与第三产业融合发展提供了绝佳实践基础。

不断健全的交通网络为第三产业特色发展保驾护航。贵州省拥有92.5%的山地和丘陵地形，特殊的地势条件决定了交通问题是制约贵州省经济发展的重要因素。自2006年以来，在贵州省委、省政府的有力推动下，贵州省交通投资继续创下新高，铁路骨架网加快形成，公路网加速完善，交通建设实现跨越式发展。2015年，贵州实现县县通高速；2017年，又实现村村通公路；截至2022年底，全省公路通车总里程达20.9万公里，其中高速公路8331公里，排名全国第4，综合密度排名全国第2①。持续健全的交通网络使交通沿线的投资环境与产业布局不断优化，为贵州省旅游业、商贸业、物流业等第三产业特色发展保驾护航。此外，独特的喀斯特地貌使得贵州高速公路沿线景观独具旅游特色，让道路本身也成为贵州省一道靓丽的风景线。

（二）政策：服务业数字化转型驱动第三产业高质量发展

从国家层面来看，自党的十八大以来，党中央及各部委陆续推出一系列政策举措，持续鼓励、支持和推动服务业与大数据技术融合发展。2017年，国家发展改革委印发《服务业创新发展大纲（2017—2025年）》（发改规划〔2017〕1116号），提出树立互联网、大数据思维，推动信息技术在服务领域深度应用，促进服务业数字化智能化发展。2019年，国家发展改革委、国家市场监督管理总局印发《关于新时代服务业高质量发展的指导意见》（发改产业〔2019〕1602号），再次提出推动服务创新，推动人工智能、云计算、大数据等新一代信息技术在服务领域深度应用，

① 《截至2022年底　贵州公路通车总里程达20.9万公里》，多彩贵州网，2023年1月18日。

提升服务业数字化、智能化发展水平，引导传统服务业企业改造升级。《中华人民共和国国民经济和社会发展第十四个五年规划和2035年远景目标纲要》同样强调，深入推进服务业数字化转型，培育众包设计、智慧物流、新零售等新增长点。服务业数字化转型成为服务业现代化发展的关键阵地。

从地方层面来看，贵州省牢牢抓住以大数据为代表的新一代信息技术发展引擎，加快推动旅游产业化、服务业现代化发展。《省人民政府关于印发贵州省服务业创新发展十大工程行动方案的通知》（黔府发〔2020〕7号），提出以新一代信息技术革命和产业革命为强大引擎，加快传统服务行业改造升级、新兴服务行业跨界融合，为实现全省经济社会高质量发展、开创百姓富生态美的多彩贵州新未来提供重要支撑。2021年贵州省发改委印发《贵州省“十四五”现代服务业发展规划》，强调全力推进服务业市场化、产业化、社会化、高端化、信息化，以推动实施服务业创新发展十大工程为主要抓手，加快大旅游、大数据、大健康等特色优势服务业大发展，促进生产性服务业大跨越，实现生活性服务业大提升，加速构建特色鲜明、优质高效、开放包容的高质量现代服务业体系，聚力打造经济高质量发展新引擎。通过政策文件，贵州省扎实推进服务业重点行业、企业、项目和重大平台建设落地，推动服务业向数字化、智能化方向迈进。

（三）产业：各项发展齐头并进为大数据融合奠定坚实基础

旅游产业影响力大幅提升。旅游业是贵州省的战略性支柱产业，“十三五”期间，贵州省推进实施了100个旅游景区建设工程、旅游“1+5个100”工程，推进旅游与交通、农业、体育、水利等多产业融合，形成了温泉、特色村寨等一批旅游新业态，建成国家 A 级旅游景区 460 家、国家级旅游度假区 2 家、国家级生态旅游示范区 4 家。

文化产业规模不断扩大。“十三五”期间，贵州省实施文化产业项目带动战略，推动文化产业全域发展。全省文化产业法人单位 26560 家，从业人员 204813 人，资产 5450.71 亿元，实现营业收入 725.70 亿元，产业发展特色更鲜明、布局更合理、效能更显著。谋划实施 131 个省级重点文化产业项目，完成投资近 1000 亿元。国家文化大数据体系建设等一批国家级重大文化产业项目落地贵州。

大健康产业深入推进。“十三五”期间，贵州省“医、养、健、管、游、食”深度融合，全省体育产业总规模达 280 亿元，森林康养综合收入近 80 亿元，大健康产业内有 19 家上市企业，年产值超过 1 亿元的企业 83 家，超过 10 亿元的企业 6 家，超过 20 亿元的企业 2 家，超过 30 亿元的企业 1 家。

现代物流产业加快发展。货运量与货物周转量持续扩大，2021 年，贵州省铁路、公路、水运货物运输总量达 96989.32 万吨，比上年增长 12.2%；货物周转量 1435.90 亿吨公里，同比增长 13.5%；快递业务量约 3.98 亿件，同比增长 41.3%。全省社会物流总费用与地区生产总值的比率由 2015 年的 18.5%下降到 2021 年的 16.0%。

大数据服务业厚积薄发。国家大数据综合试验区建设成效显著，苹果、华为、腾讯、阿里巴巴等世界领先企业先后入驻，一批国家部委、行业和标志性企业大数据中心落户贵州，建成贵州·中国南方数据中心示范基地。数字经济增速连续 7 年位居全国第一，网上政务服务能力连续多年排名全国前三。2022 年全省软服业收入增速为 90.5%，利润同比增长 64.7%，从业人数同比增长8.7%。贵州省第三产业发展向更高水平迈进，更加注重人民对于美好生活的向往与需求。

二 重点举措

贵州省积极营造大数据与第三产业融合发展的良好环境，深入挖掘自身潜力，建设贵州特色全域旅游、智慧物流、新型电商、共享经济，以平台建设为支撑，实现产业链信息共享，全方位将贵州打造成为新型智慧省份。

（一）全面推进全域旅游大数据融合应用

贵州省以搭建智慧旅游“一站式服务平台”为重点，深化大数据在旅游业领域的应用，构建全域旅游大数据综合分析管理体系，加快形成智慧旅游景区指导性规范，逐步扩大覆盖面。

打造贵州智慧旅游“一站式服务平台”。以全域旅游综合管理、游客服务、产业协同为突破，着力打造完善智慧旅游“一站式服务平台”，优化“一站式平台”架构、运营模式、数据资源建设，形成全省推广的规范标杆。加快实现旅游产业监督管理、旅游产品推广、个性化服务预订等功能。

提升全省旅游信息化基础建设水平。加强旅游景区信息化基础设施建设，推进旅游目的地数字系统建设，实现重点旅游景区数字化应用。加强以“一码游贵州”为龙头的旅游展示、营销网络建设，不断提高全省旅游网络营销水平。

大力推动大数据与旅游实体经济深度融合。促进大数据技术渗透旅游产品创新、大数据产品支撑旅游产业升级、大数据思维引领旅游企业转型。引导旅游实体经济利用大数据技术改造传统经营管理模式，提高信息化、数据化水平。推动旅游产业实体项目与大数据项目融合建设，建设推出一批旅游实体经济与大数据融合优秀示范项目和优秀企业。

（二）深化智慧物流融合应用

发挥信息化技术在资源整合和供应链物流中的积极作用，积极推进公共物流信息平台、物流园区和物流企业信息化建设，推动物流服务模式创新，加快形成智慧高效、通达顺畅、绿色安全的现代物流服务体系。

搭建省级智慧物流信息平台。依托云上贵州政府平台，持续推进“贵州省物流云”等公共信息平台建设，形成集物流信息发布、数据交换、跟踪追溯、智能分析等功能于一体的物流信息服务中心。

提升物流园区信息化水平。鼓励第三方物流信息服务平台在物流园区的运用，支持物流园区信息化建设，进一步提升获取和分析园区企业、货主、司机、货车等相关数据的能力，加快推进各物流园区与省物流云平台实现物流数据互联互通。

增强物流企业信息化能力。鼓励物流企业加快推进物流信息化建设，支持物流企业大力推进基于大数据、云平台、物联网等信息化技术的供应链管理进程，加快实现物流企业与省物流云、物流园区之间互联互通，进一步推动物流业跨越式发展。

（三）推动大数据与电子商务深度融合

抓住“新零售”为贵州省发展生鲜农产品电商带来的机遇，以电商示范县、示范基地建设和电商支撑体系建设为抓手，推动电子商务向乡村、农产品生产基地、社区延伸。

建设一批电商示范县和示范基地。抓好电子商务进农村示范县评选和绩效评价工作。切实做好国家级电子商务进农村综合示范县评选工作。继续建设一批示范基地，以示范带动贵州省电子商务持续发展。

推进电子商务助力脱贫攻坚。结合农产品“泉涌”工程，实现带动建档立卡贫困人口就业增收、脱贫致富目标。加强冷链体系、服务体系、质量追溯体系建设，奠定农村电子商务精准扶贫发展基础。以整合产业链和建立产销对接新模式为重点，突出贫困户在农产品利益链中的位置，增加收益。引导传统制造业利用电子商务中间环节少、地理限制小和销售渠道广的优势，扩大生产规模，为贫困户提供更多的就业岗位。

推进电商向社区渗透。大力发展电商O2O，推动省内大型农贸市场信息化改造，利用信息化手段优化消费环境，提升终端配送能力，在中心城市的大型社区增设冷柜、自提柜、生鲜车等设施设备，最大限度地为消费者提供便利。联合省外大型企业建立省外销售终端，将优质农产品直销城市社区，缩短中间流通环节，拓宽贵州省优质农产品销售渠道。

（四）实施共享经济主体培育专项

引导推进全省生产、生活和社会管理领域资源网络整合重组，推动共享经济产品服务体系创新、平台创新和协同式生活方式创新，成为新的重要增长点。

拓展共享经济发展空间。重点围绕交通出行、房屋住宿、生活服务、生产能力、医疗健康等服务业领域，支持企业在服务业领域开展融合创新，培育形成一批业绩良好、极具发展潜力和培育价值的初创企业，培育贵州大数据未来的“小巨人”和“独角兽”，有效激发发展活力。

开展共享经济“寻苗行动”。重点围绕大数据、人工智能、云计算等技术领域，盯紧并引进一批正在起步、成长快速、极具潜力的企业及创新创业团队落地贵州，发展共享经济新业态，创新共享型服务产品。

构建共享经济公共服务平台。推动企业围绕服务业重点领域建设公共服务平台，支持平台为企业提供公共服务，支持“双创”平台等公共服务平台快速发展，在服务业领域建设完善一批开放性、差异化、特色鲜明的行业融合共享型服务平台，建设形成一批具备一定公共服务能力的共享型平台，为共享经济发展提供服务支撑。

强化共享经济制度建设。加速建立与共享经济发展相配套的社会信用体系、技术支撑体系和风险管控体系，健全相关市场准入机制、消费者权益保障机制和容错试错的审慎监管机制，营造共享经济发展良好环境。

三　融合成效

（一）融合概况：整体融合发展进程稳步推进，信息传输服务业遥遥领先

五年“万企融合”之路，大数据与第三产业深度融合进程稳步向前。2022 年贵州省大数据与第三产业深度融合发展水平为 44.1，较“万企融合”开局之年提升 7.6。在十大服务业创新发展工程行业中，大数据与信息传输服务业、软件和信息技术服务业的融合发

展水平显著高于其他行业，分别达到 75.4、58.5，与现代物流产业、大健康产业、文化产业、商贸产业、旅游产业的融合发展水平分别达到 45.6、45.4、45.1、44.9、44.4（见图 4-1）。养老产业、会展产业及现代金融产业由于样本数量不足，暂无评估结果数据。

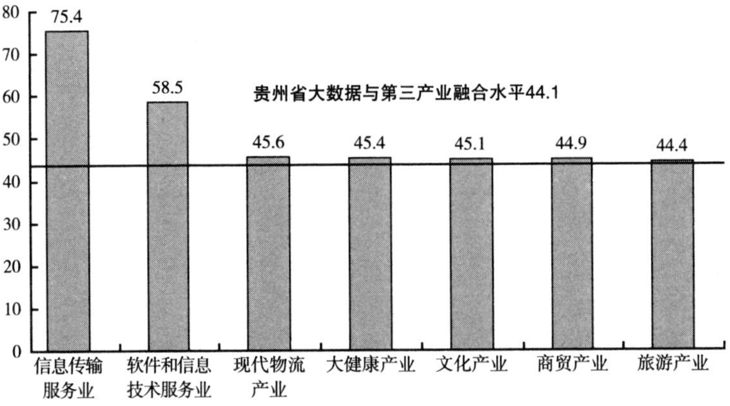

图 4-1　2022 年贵州省大数据与第三产业重点行业融合发展水平

融合进程不断深化。2022 年贵州省第三产业企业中，处于融合初级阶段的比例为 35.1%，处于融合中级阶段的比例为 51.5%，处于融合高级阶段的比例为 13.4%。五年以来，贵州省第三产业处在融合初级阶段的企业比例逐年降低，累计降低 18.4 个百分点，处在融合中级阶段和高级阶段的企业比例分别累计提升 12.0 个和 6.4 个百分点，具体如图 4-2 所示。

重点行业争相发力。2022 年，商贸产业、现代物流产业、旅游产业、大健康产业、文化产业、软件和信息技术服务业以及信息传输服务业处在融合初级阶段的企业占比分别为 39.2%、37.9%、37.0%、33.3%、29.0%、18.1%、17.2%，处在融合高级阶段的企业占比分别为 12.8%、12.8%、13.4%、11.5%、22.0%、33.1%、36.0%。

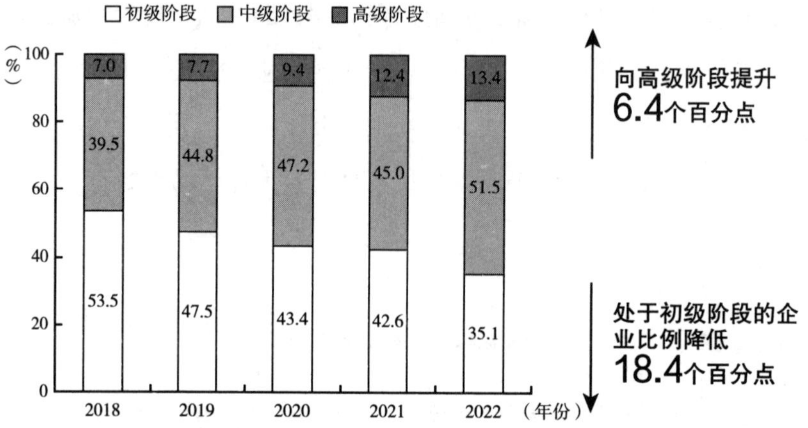

图 4-2　2018~2022 年贵州省大数据与第三产业融合发展进程

其中，大数据与信息传输服务业融合程度最深，处于融合高级阶段和中级阶段的企业比例明显高于整体水平，具体如图 4-3 所示。

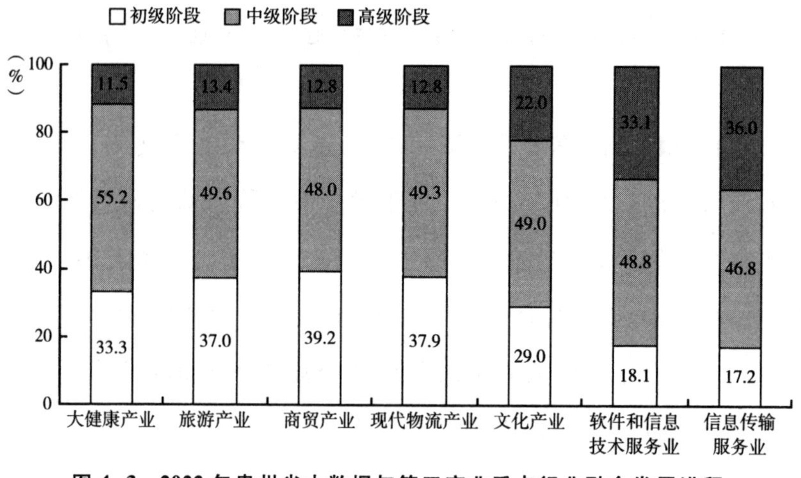

图 4-3　2022 年贵州省大数据与第三产业重点行业融合发展进程

（二）数据分析：数据指导决策不断普及，行业智慧化水平快速提升

数据分析应用场景逐渐普及。2022 年贵州省第三产业有

26.8%的企业实现了数据商业化（数据对外商业化，单独盈利），有42.4%的企业实现了企业运营管理（业务运营监控、经营分析和风险管控），有45.3%的企业实现了客户关系管理（客户征信、授信和客户生命周期管理），有52.1%的企业实现了市场与精准营销（包括客户画像、关系链研究、精准营销、实时营销和个性化推荐），相比2018年分别提升了2.0个、7.9个、8.3个和1.5个百分点，具体如图4-4所示。

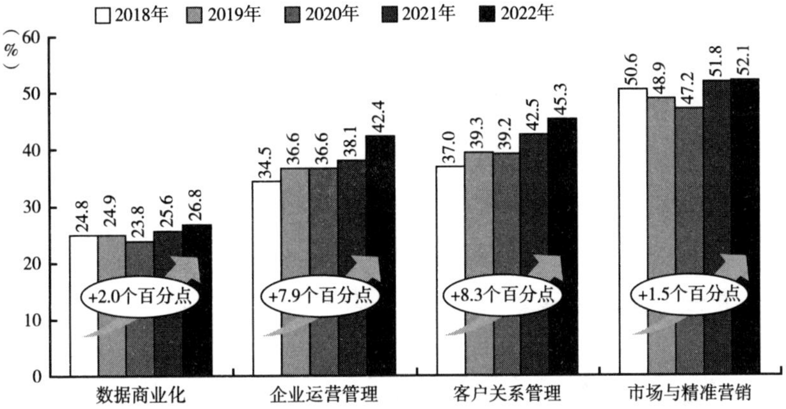

图4-4　2018~2022年贵州省第三产业企业数据分析应用场景

专题案例一

贵州华旭科技有限公司——国家智慧水务云服务与智能端产业示范项目

一、项目简介

国家智慧水务云服务与智能端产业示范项目通过在线监测设备实时感知城市供排水系统的运行状态，采用可视化的信息系统有机整合水务管理部门与供排水设施，构建城市水务物联网，对水务信息进行及时分析与处理，形成相应的处理结果辅助决策建议，实现物流、资金流、知识积累的高度集成与共享。

二、融合路径

目前国内智慧水务市场总体存在“重建设、轻运营”的情况，城市规模扩大导致自来水公司抄表难、自来水管网跑冒滴漏监管难、应对突发问题不及时不高效等问题加剧。该项目通过智能设备实时感知水务状态，采集水务信息，应用统一公共管理平台，对海量信息及时分析与处理，以更加精准、动态的方式对水源地、供水、用水、节水等各个环节进行全流程管控，通过大数据分析为城市水务管理者提供决策支撑。

三、融合成效

一是提升供水运营管理能力。通过水务物联网监测体系的建设，实现全过程生产运行参数的远程监控。二是减少运营人工成本。通过物联网智能水表建设，远程监测设备仪表运行状态，有效减少抄表和巡查人员数量。三是降低供水管网漏损率。通过收集、积累用水类型、用水总量、供水总量、能源使用等历史数据并进行统计分析，可及时发现管网漏损现象，提高处置能力。

受疫情影响，上述四类指标在2020年都出现小幅度衰退，但很快又重返增长态势。其中，市场与精准营销初始水平较高，受疫情冲击较大，增长速度最为缓慢；数据商业化难度较大，对企业数字技术要求较高，增长幅度较小。企业运营管理和客户关系管理与企业运营密切相关，使用数据分析技术对经营效率提升较为显著，因此企业主观上发展意愿较强，同时市场上许多成熟的ERP和CRM系统，企业应用相对较为容易，近五年来提升幅度最大。

从行业角度来看，文化、体育和娱乐业与软件和信息技术服务业数据分析应用范围最广，对于文化、体育和娱乐业而言，产品制作需要进行市场研究和数据分析，包括分析观众喜好、流行趋势、市场规模等。此外，文娱产品的营销也需要大量的数据分析，包括构建用户画像、分析用户行为、收集市场反馈等。对于软件和信息技术服务业，包括电子商务、社交网络等，这些企业涉及的用户和数据量非常大，需要通过数据分析来改进服务、提升用户体验。旅游业由于数据收集比较困难、业内数字人才相对较少等，数据分析应用水平不尽如人意，各项指标距离第三产业平均水平仍有一定的差距，还需进一步深化数字技术应用，探索更多的数据分析应用场景。

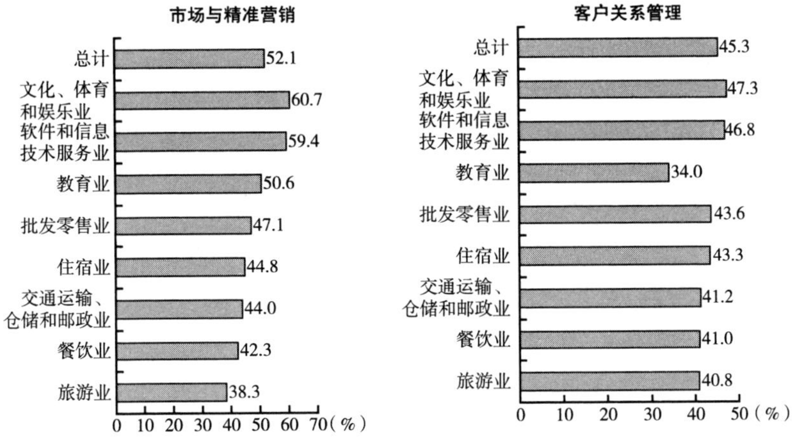

图 4-5a　2022 年贵州省第三产业重点行业企业数据分析应用场景

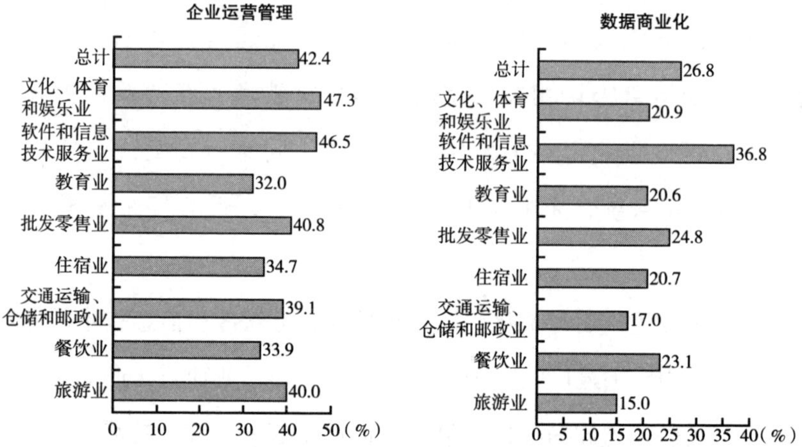

图 4-5b　2022 年贵州省第三产业重点行业企业数据分析应用场景

（三）数据应用：赋能企业运营管理，助力企业提质增效

交通物流行业智慧化水平快速提升。2022 年贵州省交通物流行业中，52.1%的企业能够基于数据和信息技术实现集货管理，56.3%的企业能够基于数据和信息技术实现货物分拣、配货管理，51.3%的企业能够基于数据和信息技术实现配送路线跟踪与动态优化，45.1%的企业能够基于数据和信息技术实现配送动态调度与管理，相比 2020 年分别提高了 9.8 个、7.8 个、4.3 个和 5.3 个百分点。其中，配送路线优化和调度实现难度较大，且需要建立在集货和分拣信息化的基础上才能开展，提升幅度相对较小，具体如图 4-6 所示。

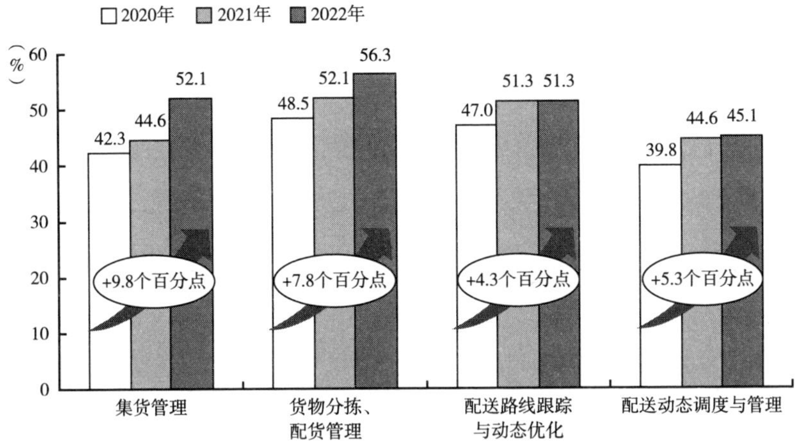

图 4-6　2020~2022 年贵州省交通物流行业企业利用数据和信息技术进行配送管理情况

注：该指标自 2020 年开始统计。

专题案例二

贵州圆通速递有限公司——基于大数据的快递全生命周期管理服务平台项目

一、项目简介

基于大数据的快递全生命周期管理服务平台项目是通过整合客户管家、驾驶舱等快递服务系统，基于大数据应用，面向 B 端客户打造的综合管理服务平台。包括对客户下单、上门收件、运输调度、储存保管、转运分拨、快件集散、流通加工、信息服务等物流环节的数据收集与监管，进行路由管控、操作节点监控、资金结算等，实现快递全生命周期的信息化控制与跟踪。

二、融合路径

当前快递行业飞速发展，快递包裹数量与日俱增，快递员数量并不充足，表现为成本高、效率低，且快递品牌间竞争压力大，转型升级需求强烈。该项目通过构建信息平台，直接链接终端商家客户，借助平台强化圆通服务客户的能力，提升客户体验，增加客户与圆通的黏性，增加活跃客户的保有量。项目对商家逐步开放部分业务数据（业务量、投诉量、全链路管控、订单跟踪等），支持多个电商平台的订单同步进行，接入菜鸟电子面单及拼多多电子面单，以满足商家多样化的需求。

三、效果及意义

一是降本增效。针对用户需求开展业务创新，提高企业核心竞争力。二是解决数据共享问题。有效缓解数据共享程度低、业务流程复杂和数据标准规范不统一等问题，有利于大数据价值的深入挖掘。三是提供管理决策依据。加强计算服务支撑和数据挖掘分析，帮助企业更快速地进行科学化决策与管理，为客户提供全链路数据监控，让客户从结果管控变为过程管控。

专题案例三

贵阳货车帮科技有限公司——应急物资运输智慧调度平台的建设及应用示范

一、项目简介

应急物资运输智慧调度平台的建设及应用示范项目以复杂事件检测分析和处理技术、大数据智能分析决策技术创新为重点，缓解公路物流领域信息不对称下的效率低问题，打造大空间尺度下的车货路径优化和调度，对特殊时期整个运输链条进行重构。平台将应急物资分为10个应急阶梯维度，精准识别物资，通过应急物资智能调度，对急需物资的配置、提权、展示等方面配备紧急提示功能。实现车主与货主的智能匹配与实时调度，保障应急物资顺利到达目的地。

二、融合思路

公路物流领域存在信息不对称、车货匹配效率低、应急物资运送不及时等问题，大数据等信息技术应用能缓解公路物流领域的诸多痛点。该项目打造应急物资运输智慧调度平台，研发“智能运力调度系统”，充分挖掘大数据要素价值，加强供需两端的数据高效对接，提高调度效率与精准度，重构整车物流链条。

三、效果及意义

一是保障特殊时期应急物资顺利完成运送，开通绿色服务通道，对应急物资智能调度。二是实时更新、汇总道路清障信息，最大限度地减少物流时间，对道路救援等紧急情况及时通报，及时对接第三方平台完成救援。三是打通各个产业链中间运输环节，推动物流运输业快速恢复生产。

旅游业客户生命周期管理数字化水平突出。从行业角度来看，旅游业在客户全生命周期管理的各个阶段数字化水平都十分突出，旅游业中70.0%的企业实现了使用信息化手段获客[①]，50.9%的企业实现了使用信息化手段激活[②]，49.3%的企业实现了使用信息化手段留存[③]，49.3%的企业实现了使用信息化手段推荐[④]，具体如图4-7所示。旅游业服务的客户来自全国各地，且省外的客户极少再次光顾同一个旅游景点，客户黏性较低，因此，获客对于旅游业而言至关重要。相对于传统的电视、报纸等营销方式，在搜索引擎、社交媒体等互联网平台上推广营销成本更低、效率更高、定位更精确且广告转化率更高，受到旅游业的广泛青睐。相较而言，用户对交通运输、仓储和邮政业企业的选择更多取决于服务的质量、效率和价格等硬性指标，且该行业大多面向企业用户，客户黏性较大，一次成功的服务可能会带来持续数年的后续订单。因此该行业企业实现数字化客户生命周期管理的意愿不强，数字化水平相对较低。

旅游业超六成企业建立重大危险源预警体系。安全是旅游业的生命线，无论是火山爆发、地震、泥石流等重大自然灾害，还是交通意外、火灾、踩踏等重大安全事故，都会对旅游业产生不可逆转的负面影响，建立重大危险源预警体系对于旅游业至关重要。近年来，贵州省政府发布了《关于推动旅游业高质量发展加快旅游产业化建设多彩贵州旅游强省的意见》，大力推动旅游业高质量发展、加快旅游产业化，为落实相关政策，旅游业积极推动数字化技术应用，完善旅游安全、应急管理体系和旅游危险预警

① “获客”是指通过信息化技术发现和获取潜在客户，并通过有效渠道提供合适的价值定位以获取客户（例如，在互联网平台通过宣传、推广、营销等手段吸引潜在客户）。

② “激活”是指通过信息化技术针对客户需求推荐产品组合或服务组合，将客户培养成高价值客户（例如，通过客户信息进行个性化推荐等）。

③ “留存”是指通过信息化技术识别高价值成熟阶段客户，维系客户的忠诚度（例如，对客户进行数字化分级管理，以提升顾客黏性）。

④ “推荐”是指通过信息化技术建立高危客户预警机制，延长客户生命周期（例如，通过大数据识别低活性用户，通过针对性活动提升客户留存度等）。

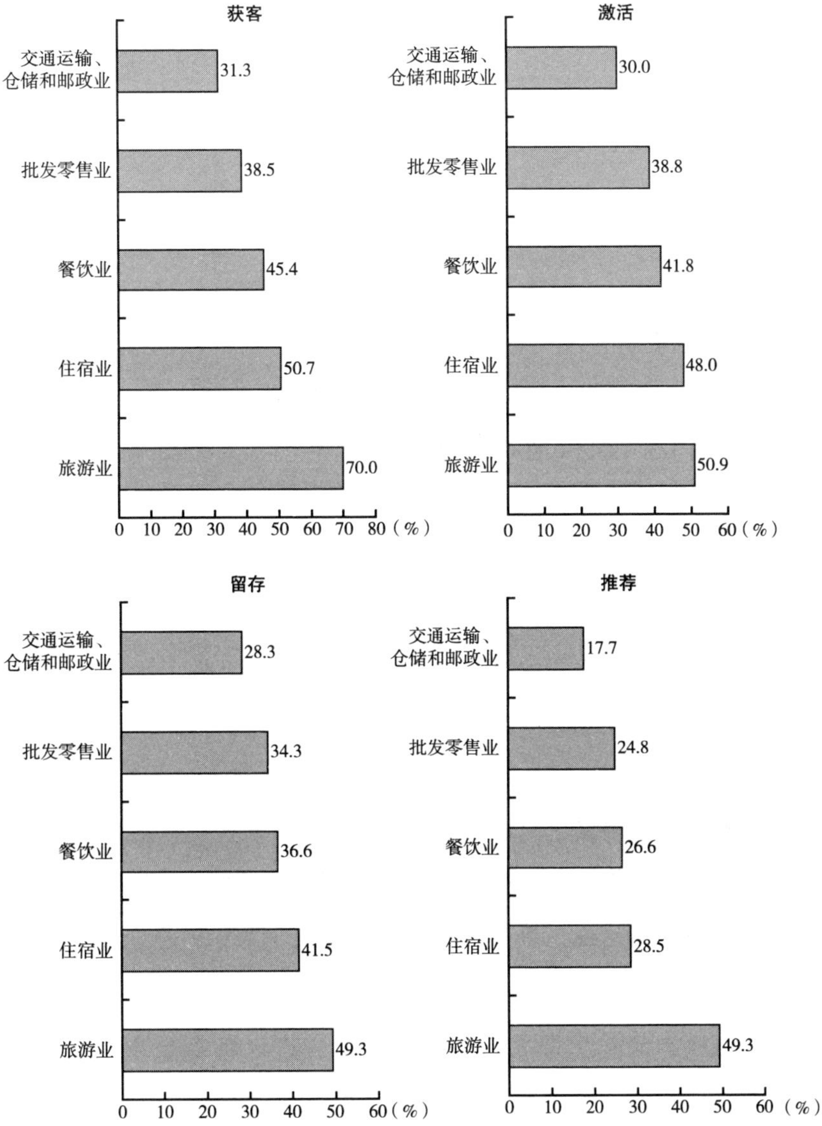

图 4-7　2022 年贵州省第三产业重点行业实现客户生命周期管理的数字化层级

机制。目前，超过六成的企业已经基于信息化手段建立了重大危险源预警体系，只有不到两成的企业没有使用信息化手段建立预警机制，具体如图 4-8 所示。

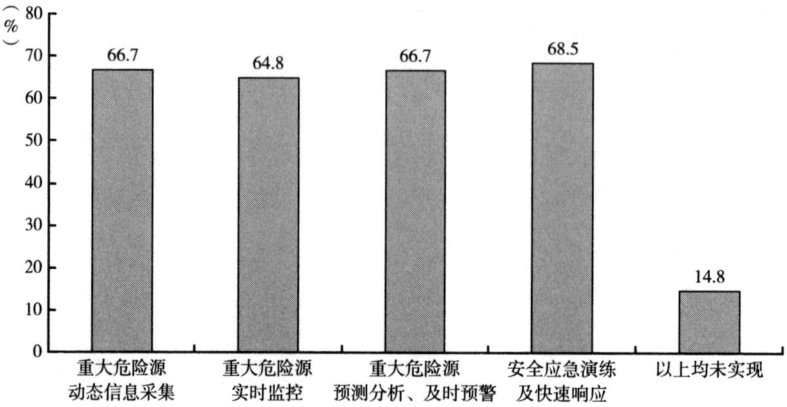

图 4-8　2022 年贵州省旅游业信息化条件下安全应急响应及重大危险源预测预警情况

专题案例四

贵州中鼎旅游产业开发有限公司——中铁双龙镇巫山峡谷 4A 级旅游区 5G+智慧旅游项目

一、项目简介

中铁双龙镇巫山峡谷 4A 级旅游区 5G+智慧旅游项目围绕景区信息化建设、加强数据开发应用，推进景区旅游业在营销、服务、管理等环节转型升级，实现景区智慧化改造，促进旅游信息资源共享。建立健全景区旅游信息服务台，实现景区网络化、智能化、数字化全覆盖，建设电子票务、视频监控、围栏报警系统，提升景区智能化旅游服务水平，为游客提供高质量、全流程服务。

二、融合思路

传统旅游景区在智能集约化、功能完备性、导识实用性等方面存在不足，同时存在旅游产品单一、服务针对性不强等问题。该项目建设电子票务、围栏报警等系统，同时对景区进行 WiFi 全覆盖，并建设 WiFi 环境下的语音导览系统，进行有效的语音讲解与信息反馈。项目通过智慧旅游系统充分展示产品特色，丰富旅游产品种类，降低服务成本。

三、效果及意义

一是增强景区管理和服务能力。智慧双龙信息化平台项目为主管部门提供有效的信息共享机制和信息更新机制，保持数据一致性、准确性和权威性。二是提高旅游业数字化管理水平。智慧双龙的建设有利于提升城市旅游信息化、管理数字化和服务精准化。三是提升旅游行业整体效能。智慧旅游作为信息时代和互联网时代的产物，不仅优化了传统旅游模式，也创新了数字旅游产品，对整个旅游产业有重要意义。

专题案例五

贵州织金洞旅游开发有限责任公司——织金洞智慧旅游项目

一、项目简介

织金洞智慧旅游项目以集约化运营管理为核心，通过旅游数据资源和旅游产品资源整合，实现旅游一体化运营管理。项目打造景区综合管理平台、物联网集成平台和智慧景区大数据分析系统、景区巡更管理系统、森林防火和环境监测系统、景区智慧营销体系。整体实现景区管理规范化、智能化，旅游服务精准化、数字化。

二、融合思路

目前旅游业管理和公共服务水平有限，旅游经济发展方式仍为劳动密集型，数字化水平有待提高。该项目依据织金洞景区实际情况，构建织金洞智慧景区旅游可持续发展体系，实现全景区旅游数字化、智能化改造升级，强化旅游大数据应用，有针对性地发展特色旅游业，为后期景区扩建、升 5A 做好设计和规划。

三、效果及意义

一是提高旅游业综合管理和公共服务水平；二是促进旅游经济产业结构调整，形成引领作用强、示范效果突出的智慧旅游企业，推动涉旅企业经营活动数字化；三是促进旅游业生产方式转变，加快从劳动密集型向知识、技术密集型转型。

（四）数据决策：数据指导决策不断普及，风险防控数字化普及率快速提升

数据支持企业决策比例逐步上升。在 2022 年贵州省企业基于数据和信息化手段实现决策支持的应用情况中，排名前三的分别为基于数据和信息化手段实现合同、收入、成本、利润等对比分析和决策，客户价值和信用决策，服务（产品）盈利和市场趋势决策，应用企业占比分别为 61.8%、51.0%、49.4%，相比 2018

年分别提升了 7.8 个、12.1 个、10.9 个百分点。在企业数字化决策管理中，收入成本决策、客户价值决策、市场趋势决策与企业经营决策紧密相关，应用率更为广泛。

企业愈加重视数字化风险管控。2022 年第三产业应用信息化手段实现风险管控的企业比例为 45.5%，2018~2022 年增幅最大，达 17.4 个百分点。企业由于风险意识不够和技术能力不足，更愿意将有限的资源投入可以快速见到短期收益的建设中，对从长期角度能减少企业损失的风险管控和预警决策投入较少。而随着互联网、大数据、人工智能等新一代信息技术的推广应用，在风险管控过程中，数字技术的高效率、高准确度、可追溯性等特点日益凸显，企业对于数字化风险管控的重视程度也逐渐加大。为了有效管控安全生产风险、及时消除事故隐患，贵州省也制定了《贵州省生产经营单位安全生产风险分级管控与隐患排查治理办法》，积极推动企业安全风险管控数字化、平台化建设，推进安全生产治理体系和治理能力现代化。

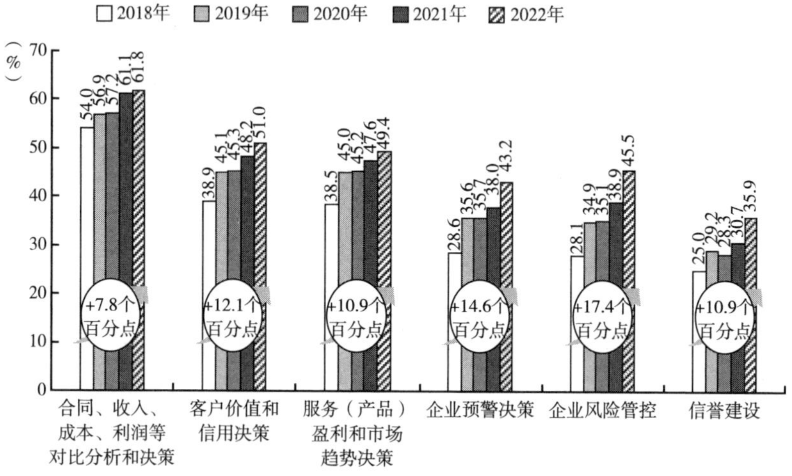

图 4-9　2018~2022 年贵州省企业基于数据和信息化手段实现决策支持的情况

专题案例六

贵州丰茂物流有限公司——丰茂智慧物流管理系统

一、项目简介

丰茂智慧物流管理系统通过建设磷石膏物流云平台、车辆主动安全监控系统、车辆运营管理系统（OMS、TMS）、ERP等子系统，实现物流车队运营管理智能化、数字化，并利用数据要素价值提升管理能力和对未来市场的分析能力，加强企业决策能力与风险管控能力。实现物流车队数字化运营、车辆状态等大数据集成管理和数据价值的开发利用。

二、融合思路

物流行业长期存在车辆监管漏洞，对车辆运行数据采集、处理和分析不及时不充分，作业以人工为主，管理效率较低。该系统主要通过数字赋能业务管控、车辆调度、车队管控、基础信息管理、防疲劳驾驶、驾驶行为分析（油耗、车速、里程）等环节，对车辆ETC过路费、加油费、维修费、加水费、装卸货吨位等车辆运行全数据实时采集和处理，进行大数据分析及可视化展示，减少了大量人工作业量，及时预警异常数据，对企业进行综合风险管控，提高全流程管理效率。

三、效果及意义

一是提高管理效率，降低风险。减少大量人工作业量，费用结算周期从15天缩短为2天，同时减少车辆监管漏洞20余项，帮助公司将运输成本降低20%。二是加强数据价值开发。实现物流车队运营、车辆状态的大数据实时管理和数据汇总，进一步提升长期管理和未来运营分析能力。三是形成良好的示范效应。物流行业基本操作流程类似，丰茂智慧物流管理系统具有很强的复制性，目前已在多家物流公司免费推广运行，显著提高企业综合运作效率和服务响应能力。

（五）平台支撑：线上服务平台蓬勃发展，助力企业营销服务

线上服务平台助推第三产业转型升级。2022年贵州省第三产业有近七成的企业使用线上服务平台。从重点行业来看，住宿业企业线上服务平台普及率最高，超八成企业应用了线上服务平台，以美团、携程等为代表的电子商务平台在为住宿业企业扩大获客范围的同时也提升了企业知名度，推动住宿业朝便捷化、透明化与多元化方向发展。旅游业企业对线上服务平台的选择更为丰富，64.8%的企业选择了以美团等为代表的电子商务平台，57.4%的企业应用以微信、抖音为代表的新媒体平台，37.0%的企业选择以“一码游贵州”为代表的地区综合服务平台，多渠道为游客提供线上订票、行程规划、导游导览、旅游攻略、线路推荐以及在线旅游等综合体验服务，让文化和旅游资源借助大数据技术“活起来”，推动旅游消费提质升级。2022年，贵州省餐饮业企业有54.0%、20.7%、36.4%的企业入驻电子商务平台、地区综合服务平台以及新媒体平台。在线上平台的驱动下，餐饮业企业不再局限于方便快捷的外卖送餐及通过抖音、美团等平台开展套餐及品牌推广，还将原材料加工成预制菜批量售卖，延伸商户经营时空范围及产业链条，持续扩大营收规模（见图4-10、图4-11）。

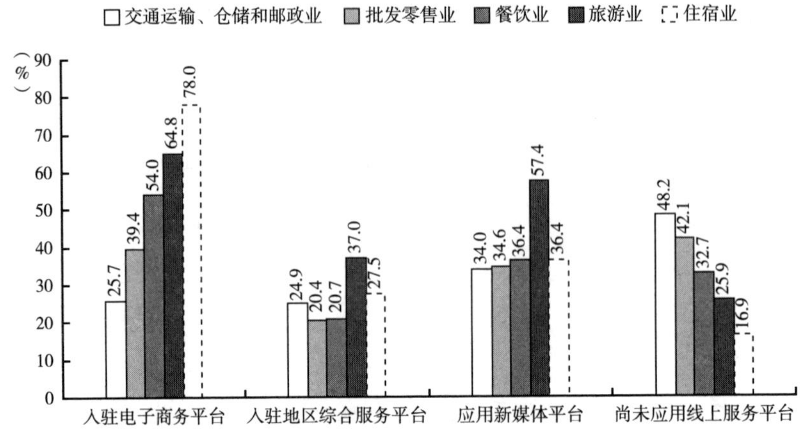

图 4-10　2022 年贵州省第三产业企业线上服务平台使用占比

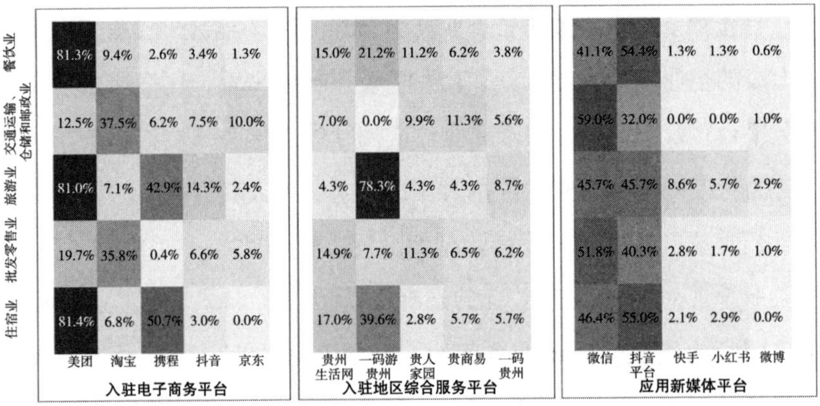

图 4-11　2022 年贵州省第三产业企业线上服务平台选择情况

专题案例七

贵州电子商务云运营有限责任公司——“一码贵州”供应链金融服务平台

一、项目简介

“一码贵州”供应链金融服务平台设计采用合理的层次

化结构，如划分为数据存储层、中间服务层、应用服务层、网络接入层等。不同的子系统在基于安全、满足性能的前提下，能够分散部署在不同的逻辑集群，可以将系统模块更新所带来的风险和成本降到最小。项目建设需要实现的基本功能包括：①数据标准及流程管理；②数据管理平台；③数据分析平台；④业务监管平台。

二、融合思路

涉农小微企业及个体工商户等主体普遍存在融资难、融资贵、数据分散较难固定、可佐证的金融材料不足等问题。同时，银行等金融持牌机构的有效贷后监控难度大，容易产生不良贷款。该项目利用大数据等信息技术，依托溯源平台、产销服务平台、在线交易平台、冷链物流平台等多项业务应用，对生产、销售、流通、服务等环节进行综合改造升级，强化业务应用之间、企业和银行之间的数据对接。构建丰富且精细的数据链条，涵盖用户洞察、可视化大数据分析工具、风险监控规则引擎、行情产品、用户价值挖掘、权益管理、精准营销、聚合支付管理等功能模块。实现数据互联互通，强化数据价值挖掘。

三、效果及意义

一是打破信息孤岛。有效缓解信息不对称问题，有效突破企业在日常的融资过程中遇见的融资难、融资贵、融资时间长的瓶颈。二是提高融资效率。“一码贵州”供应链金融平台自2021年8月上线试运行以来，通过与贵州银行、建设银行、贵阳银行等10余家银行进行对接，为省内21家企业以平台的交易数据为授信依据进行融资服务，企业通过“一码贵州”的“一码贷”供应链金融产品获取了银行信用融资总计达 4221 万元。

（六）信息共享：产业链间信息共享迅猛发展，零售业转型升级稳步前行

产业链间数据交互和共享发展。随着大数据与第三产业融合程度不断深化，数据从单点局部走向全局优化，企业对于跨企业、跨行业数据共享合作的需求快速增加。2022 年贵州省第三产业有 47.9%的企业建立了产业链企业业务系统之间的信息交换接口，48.5%的企业在产业链间建设或采用了统一的信息标准和规范，41.4%的企业能够实现产业链间企业之间关联信息的共享和实时交互，相较 2018 年分别增长了 27.0 个、27.0 个和 22.9 个百分点（见图 4-12）。其中，信息交换接口与统一信息标准和规范的建立是实现数据交互及共享的基础。尽管产业链间实现数据交互和共享有助于打通产业链上下游企业壁垒，提高企业经营效率和即时响应水平，为客户提供全生命周期的智慧服务，增强产业链所有企业的竞争力。但由于不同企业之间技术标准、数据格式等不统一，从技术层面实现数据共享较为困难，且部分企业担心数据共享后商业机密被泄露给竞争对手，降低自身竞争优势，近年来，关联信息的共享和实时交互增长较为缓慢。

零售业数字化基础日益巩固。2022 年贵州省第三产业批发

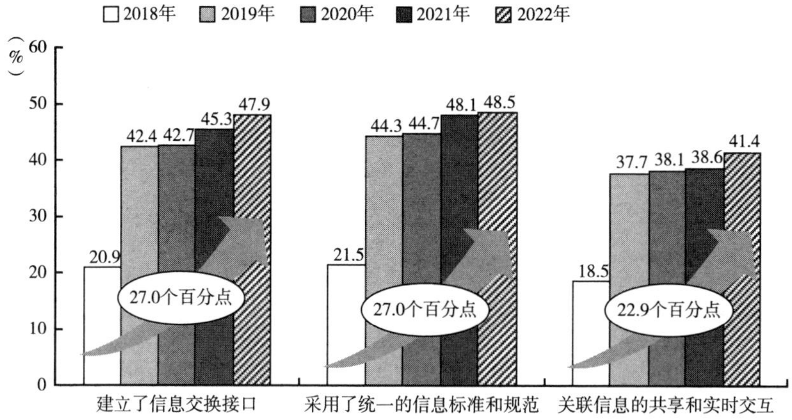

图 4-12　2018~2022 年贵州省第三产业企业实现产业链间数据交互和共享情况

零售业企业实现商品编码管理（包括商品属性条码、物流编码、追溯码等）、商品基础信息存储管理、商品分类管理、商品补货管理和商品售后追溯管理的企业比例分别达到 56.8%、63.9%、62.2%、51.4%和 40.4%，相比 2020 年分别提升了 2.7 个、3.0 个、3.3 个、4.5 个和 5.6 个百分点（见图 4-13）。其中商品售后追溯管理是指通过对商品生产、加工、配送、销售等全过程进行信息记录和跟踪，以便在商品出现质量问题或者安全问题时，能够快速找出问题源头，采取相应的措施进行处理的管理方式。其不仅能保障消费者权益，增强品牌信誉度，还能提升企业经营效率。但相较商品分类、编码及补货管理，商品售后追溯管理需要对商品进行更为全面和详细的信息记录，实施起来技术难度大，消耗人力、物力、财力费用也更高，因此，企业对其重视程度相对较低，普及率远低于其他商品数字化管理。

零售业转型升级稳步前行。近年来，贵州省批发零售企业积极拥抱数字化技术，推动传统零售向线上线下相融合的新零

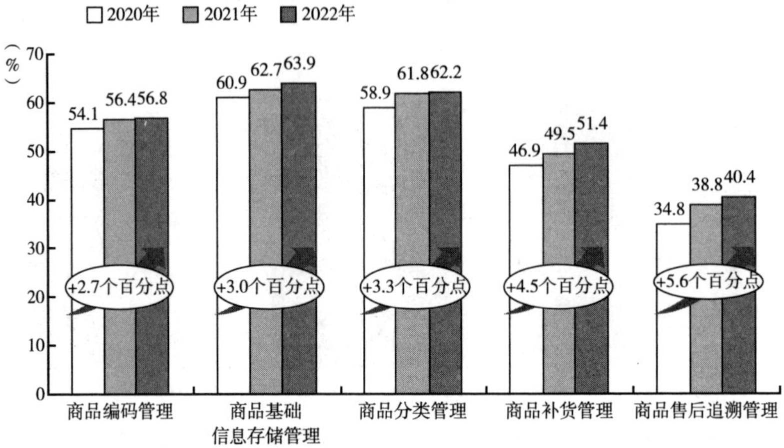

图 4-13　2020~2022 年贵州省批发零售业企业商品数字化进程

注：该指标自 2020 年开始统计。

售转变。2022 年贵州省批发零售业企业能够实现订单管理融合、库存管理融合、物流配送管理融合和财务管理融合的企业比例分别达到 53.2%、57.0%、46.9%和 46.0%，与 2020 年相比分别提升了 3.1 个、4.5 个、3.2 个和 5.1 个百分点（见图 4-14）。近年来，贵州省推进电子商务平台和实体商业企业双向融合，培育数据驱动、精准营销、业态融合的新零售示范企业，在贵阳市花果园、西南商贸城、青岩古镇等大型城市综合体、商贸综合体、景区开展线上服务、线下体验以及现代物流互联互通融合创新试点。贵州省商务厅牵头推动打造了“1 个省级中心仓+8 个市（州）枢纽仓+60 个县级节点仓”的“黔货云仓”服务体系，搭建了“贵惠荟”网上惠民生鲜商城。自 2022 年 1 月上线试运营以来，“贵惠荟”平台已成交 70.36 万单，交易金额达 5580.3 万元。

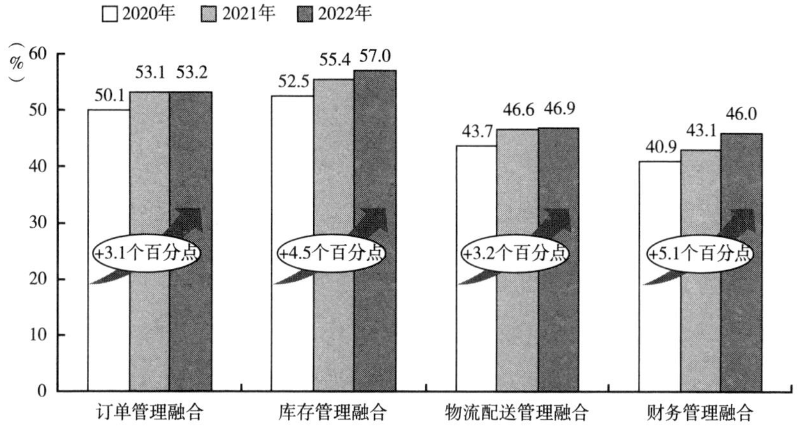

图 4-14　2020~2022 年贵州省批发零售行业企业开展业务线上线下融合情况

注：该指标自 2020 年开始统计。

专题案例八

贵州合石电子商务有限公司——基于大数据的智慧新零售平台

一、项目简介

基于大数据的智慧新零售平台项目以大数据等相关信息技术为基础支撑，聚焦生鲜产品的分拣、配送、销售、安全，通过建设线上服务体系、线下网点、物流体系、智慧生鲜加工配送中心，实现“生鲜分拣中心+低温仓储中心+中央厨房+物流派送中心+冷链配送车辆+社区生鲜平价超市+社区生鲜自动零售机+生鲜电商 O2O 平台”的“新零售”全产业链模式。

二、融合思路

生鲜产品的分拣、配送对效率要求高，传统零售业缺少线上服务体系，服务效率较低。该项目利用大数据服务于产品生产、管理、流通、售后等环节，做大做强前端生鲜电商O2O平台与后端大数据服务体系，采取“小店、多开、深入社区、线上线下联动”的形式，建立冷链物流配送体系，确保分拣中心、冷链物流和用户终端的无缝衔接，打造准确、及时、安全的社区配送链。

三、效果及意义

智慧新零售平台应用不断提高贵州省本地农产品销售占比，线上线下渠道融合，直接创造就业岗位约5000个，间接带动贵州省农村深度贫困人口就业约10万人，在丰富“菜篮子”品种、保障果蔬肉禽及粮油供应、平抑物价、应急保供等方面发挥积极作用。

（七）融合效益：智慧仓储提升订单投递质量，各产融合逐步深化

经济效益和社会效益随融合进程的深入而成效凸显。2022年，贵州省第三产业企业的成本费用利润率、销售利润率和社会贡献率分别达到12.4%、11.4%、23.3%，其中处于融合高级阶段企业的成本费用利润率、销售利润率和社会贡献率分别较处于融合中级阶段企业高出5.3个、5.9个和9.3个百分点，处于融合中级阶段企业的成本费用利润率、销售利润率和社会贡献率分别较处于融合初级阶段企业高出3.4个、4.2个和7.2个百分点（见图4-15）。大数据与第三产业深度融合，能够不断催生新模式、新业

态，推动第三产业平台化、智慧化发展，促进企业提质增效、转型升级。

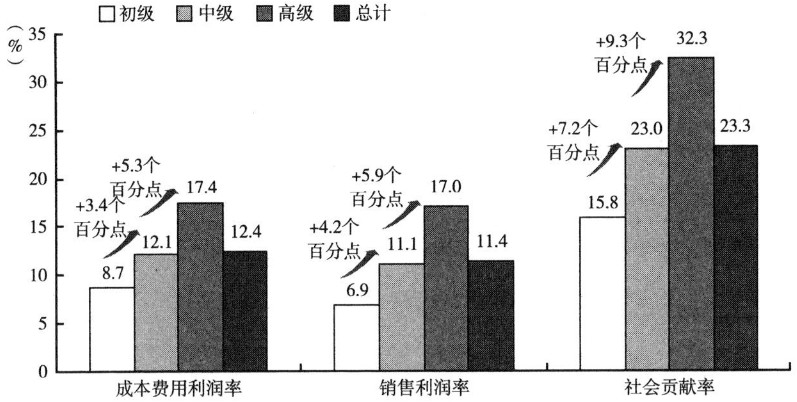

图 4-15　2022 年贵州省第三产业企业融合综合效益情况

智慧仓储助力订单投递准确率显著提升。2022 年，贵州省交通物流行业中实现智慧仓储的企业订单投递准确率为 93.2%，比未实现智慧仓储的企业高出 17.3 个百分点（见图 4-16）。提升订单投递准确率仅为智慧仓储为企业带来的诸多益处之一，智慧仓储还能实现更加精准、高效的仓储管理，有效降低物流成本，缩短货物流转周期，促进企业服务提质增效，帮助企业在激烈的竞争中保持领先地位。

大数据助力旅游业智慧化。2022 年，贵州省旅游业中，25.0%的企业建设智慧酒店，28.1%的企业建设 VR 体验馆，48.1%的企业推出全息投影表演，50.0%的企业推出智慧文创产品（数字藏品等）（见图 4-17），为游客带来更加多样化、智慧化的体验。

大数据助力餐饮业智慧化。2022 年贵州省餐饮业中，65.2%的企业实现线上预订、智能点单功能，62.2%的企业应用智能收

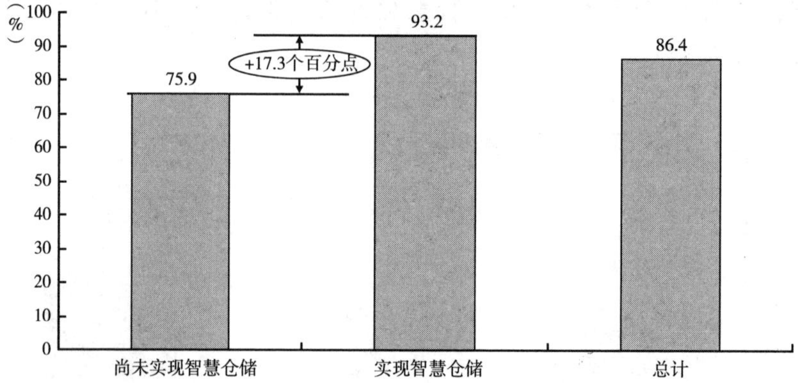

图 4-16　2022 年贵州省交通物流行业订单投递准确率情况

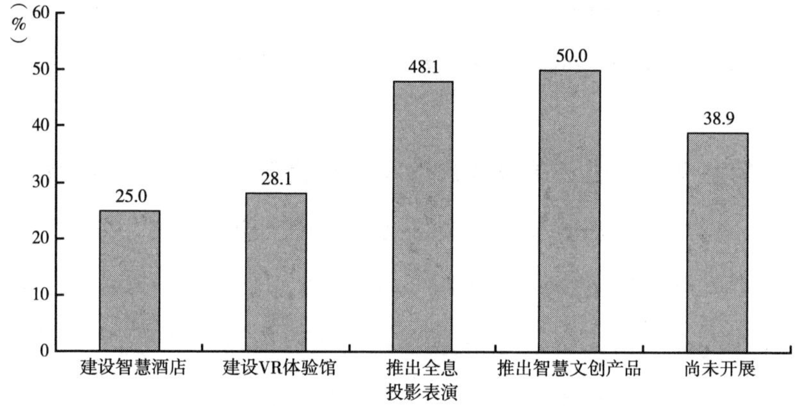

图 4-17　2022 年贵州省大数据赋能旅游业情况

银设备（自助收银机、智能 POS 机），52.1%的企业应用了智慧大屏（自助点餐屏）（见图 4-18）。近年来，贵州省餐饮业积极拥抱大数据，六成以上的企业开展了智慧化服务，使用数字化技术提高经营效率、降低人力成本、提升客户就餐体验。线上预订功能、智能收银设备、智慧大屏设备都能有效提高企业经营效率，且成本较低，因此应用程度较广。

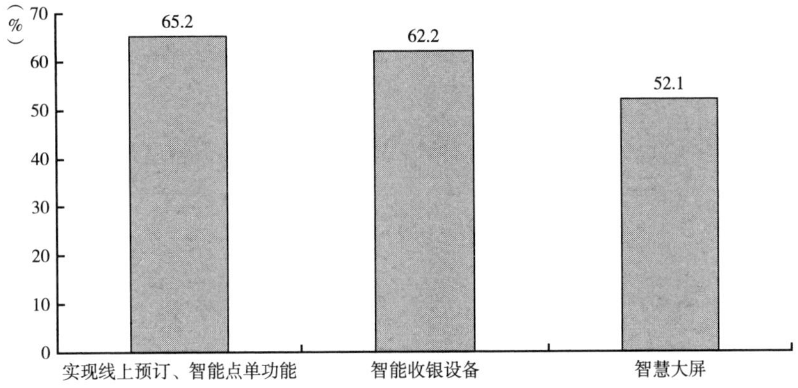

图 4-18 2022 年贵州省大数据赋能餐饮业情况

大数据助力教育业智慧化。2022 年贵州省教育业中，71.1%的学校建成平安校园物联网（监控识别保障系统、智能安全预警等），62.2%的学校建成校园生活物联网（食堂物联管理、用水自动化管理、智能照明等），55.6%的学校建成了物联网校园文宣系统（远程控屏显示图文等），42.2%的学校建成智慧教学物联网（远程授课系统等）（见图 4-19）。近年来，贵州省大力实施阳光校园智慧教育工程，推动教育信息化应用，早在 2021 年就已实现全省中小学宽带网络接入率 100%，且网络带宽达到 100M 以上，多媒体教室建设率达 100%，实现了“宽带网络校校通，优质资源班班通，网络学习空间人人通”。

大数据助力住宿业智慧化。2022 年贵州省住宿业中，54.7%的酒店实现了智能入住及退房（自助办理、应用人脸识别技术等识别核对客户信息），53.0%的酒店配置了智慧客房设施（房间应用智慧照明、智能空调、智能窗帘等智能终端），46.2%的酒店实现了智慧客房服务（线上预约、机器人配送等），37.9%的酒店实现了智能导览（VR 看房、智能导航系统）（见图 4-20）。近年来，贵州省住宿

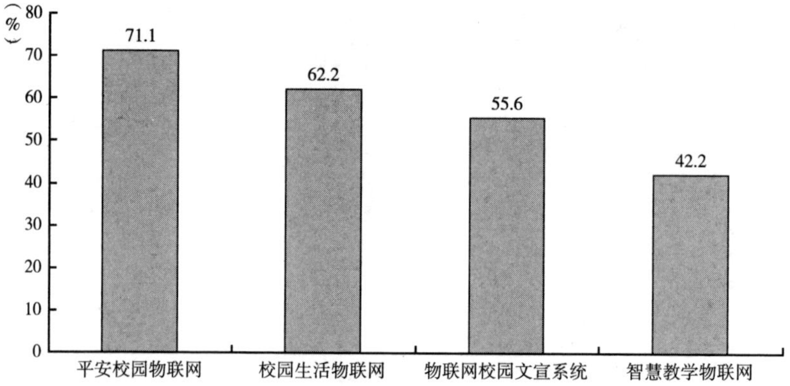

图 4-19　2022 年贵州省大数据赋能教育业情况

业与大数据持续融合，智慧酒店快速发展，不仅能节约人力成本、降低能耗、提升企业服务效率，还能为客户提供更加人性化的周到服务。建设智能入住及退房和智慧客房设施前期成本较大，但投入使用后能明显提高企业运营效率与安全防护能力，实现人力成本的降低与用户体验的提升，被列为住宿企业智慧建设的优选题。

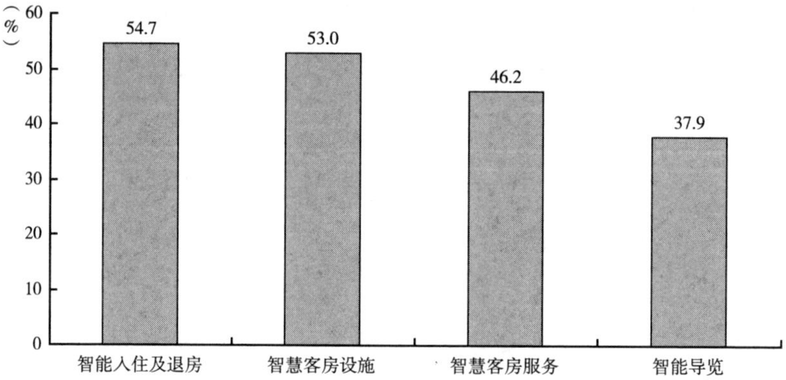

图 4-20　2022 年贵州省大数据赋能住宿业情况

大数据助力卫生业智慧化。2022 年贵州省卫生业中，86.6%的医疗机构实现了电子病历集成，65.7%的医疗机构实现了"互联网+”医疗服务、医保支付，62.7%的医疗机构应用了智能分诊叫号系统，58.2%的医疗机构应用了线上预约挂号系统，53.7%的医疗机构实现了远程医疗问诊（见图4-21）。建立电子病历系统可以显著提升医疗质量与效率、提高信息共享水平、降低医疗成本与风险。近年来，贵州省积极推动大数据与卫生业融合，有效提高了信息收集处理效率、提升了诊疗服务质量、改善了病患就医体验。

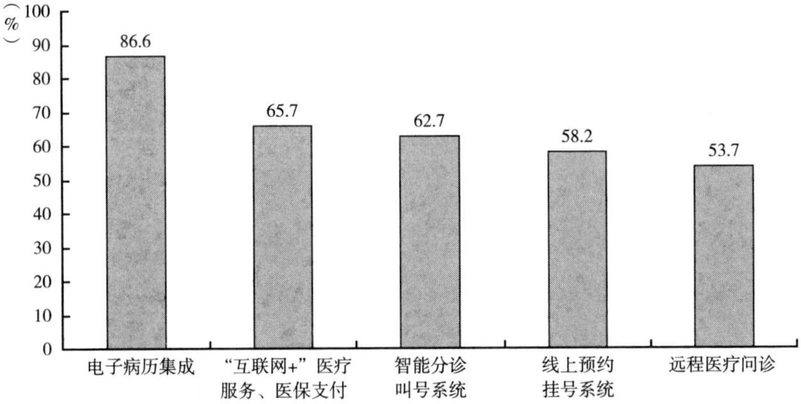

图4-21　2022年贵州省大数据赋能卫生业情况

第五章

贵州省大数据融合基建底座更趋牢固

2020 年 4 月，国家发改委明确“新基建”范围：一是由以通信网络基础设施、新技术基础设施、算力基础设施为代表的信息基础设施；二是由新一代信息技术支撑传统基础设施转型升级形成的融合基础设施；三是支撑科学研究、技术开发、产品研制的具有公益属性的创新基础设施。贵州省作为首个国家大数据综合试验区，在新型数字基础设施建设上占得先机。“十三五”时期以来，贵州省深入推进“互联网+”“万企融合”“六网会战”等战略行动，信息基础设施建设不断取得突破，数据中心发展走在全国前列，后发动力强劲，在推动产业转型升级、经济高质量发展、社会治理现代化等方面的作用日益凸显。

一　发展基础

贵州具有优良的生态自然环境、不断优化的政策环境，直面社会需求，推动大数据发展，开展了大数据先行探索，形成了全国大数据试验田的先行优势和数字经济发展良好的环境优势，为新型数字基础设施建设打下良好基础。

（一）优良气候为数字新基建发展创造条件

数字新基建发展面临的最大问题如下：一是耗电量大，必须保证有充足和便宜的电能；二是散热大，需要适宜的温度、良好的散热条件。贵州省拥有得天独厚的自然禀赋。适宜的气候、稳定的地质结构、充足的电力，成为贵州超前部署新型数字基础设施建设得天独厚的条件。

气候条件优良。贵州地处北纬24度37分到29度13分之间，平均海拔1100米左右，属于亚热带季风湿润气候，年均气温14~16℃，夏季平均气温22.5℃，冬季平均气温6~8℃。全年风力以微风为主，没有明显沙尘天气，空气质量常年优良。**地质结构稳定**。贵州省远离主要地震带，地震灾害风险低，据工信部评估报告，贵州省是中国南方最适合建设大型绿色数据中心的地区，适宜高科技产业发展和数据容灾备份中心的建设，为发展大数据基础设施提供了独特优势。**电力资源充沛**。贵州水能资源蕴藏量为1874.5万千瓦，居全国第六位，其中可开发量达1683.3万千瓦，占全国总量的4.4%，特别是水位落差集中的河段多，开发条件优越。贵州素以"西南煤海"著称，煤炭资源保有储量达766亿吨，居全国第五位，煤层气资源量列全国第二位，全省火电装机容量超过2000万千瓦。贵州电力水火互济、稳定可靠，工业用电平均价格明显低于国内其他地区，能够为大数据基础设施建设提供充沛、稳定、可靠的电力资源。

此外，贵州省自然文化绚丽多彩，拥有多处世界自然遗产地、世界地质公园，传统文化丰富，红色文化、饮食文化、酒文化以及音乐、舞蹈、戏剧、工艺、服饰等民族文化特色鲜明，为数字技术的应用提供了丰富场景，有利于催生数字经济新业态、新模式。

（二）先行探索实践为贵州省数字新基建发展抢得先机

自2013年以来，贵州省抢抓大数据发展机遇，通过招商引资、项目招引、政策保障等手段，先行先试开展大数据发展探索，激活大数据发展潜力。2013年，受国家推进西部发展政策引导和贵州省委、省政府推进信息产业发展、加快产业升级的决心鼓舞，三大电信运营商先后选择将大数据中心落户贵州贵安新区，总投资150亿元，规划建设机柜超过10万个、服务器超过200万台。2014年，贵州省政府印发《关于加快大数据产业发展应用若干政策的意见》和《贵州省大数据产业发展应用规划纲要（2014—2020年）》，提出大力发展大数据产业，引进一批国内外知名云计算、大数据龙头企业，打造中国一流数据中心，为贵州省数字新基建发展抢得先机。

2016年，贵州省布局建设了10个以上数据中心，并在营造政策环境、政务云服务、数据容灾备份、大数据应用等方面开展了积极探索，工业和信息化部授予贵州省“贵州·中国南方数据中心示范基地”称号，提出贵州要在数据资源整合、应用服务推广、产业聚集发展、制度规范创新等方面开展系统性试点示范，建设成为全国领先的数据存储灾备基地和大数据应用服务基地。同年，贵州省率先颁布了全国首部大数据地方性法规《贵州省大数据发展应用促进条例》，形成国内领先的大数据法规体系。2017年，贵州省发布全国首个数字经济发展意见和专项规划《贵州省数字经济发展规划（2017—2020年）》，提出在未来4年，大力实施数字经济集聚发展、信息基础设施提升、数据资源汇聚融通、数字政府增效便民、企业数字化转型升级、民生服务数字化应用、新型数字消费推广、精准扶贫数字化、创新支撑载体打造、数字经济安全保障等十大工程，推动数字经济加快发展。

二　重点举措

贵州省深刻认识到新时期我国发展环境深刻复杂变化带来的机遇与挑战，抢抓新型数字基础设施发展机遇，乘势而上，加快完善新型数字基础设施体系，培育壮大高质量发展新动能，助力贵州省“闯新路、开新局、抢新机、出新绩”。

（一）加强顶层设计，夯实“数字底座”

贵州省在全国率先确立了实施省级大数据战略行动，自 2018 年起，制定出台了《贵州省实施“万企融合”大行动打好“数字经济”攻坚战方案》《省人民政府办公厅关于大力实施基础设施“六网会战”的通知》《降低贵州省 5G 基站用电成本政策措施》《贵州省推进“一云一网一平台”建设工作方案》《关于实施大数据战略行动建设国家大数据综合试验区的意见》《关于促进大数据云计算人工智能创新发展加快建设数字贵州的意见》等一系列政策措施，大力推进通信网络、数据中心、人工智能等新型基础设施建设。

为加快推进建设全国一体化算力网络国家（贵州）枢纽节点，2022 年，贵州先后印发了《关于加快推进“东数西算”工程建设全国一体化算力网络国家（贵州）枢纽节点的实施意见》《面向全国的算力保障基地建设规划》《贵州省新型基础设施建设三年行动方案（2022—2024年）》等文件，对未来三年新型基础设施建设提出要求、作出任务部署，配套制定了《贵州省大数据基础设施建设专项行动方案（2022—2024年）》《贵州省推进传统基础设施智能升级专项行动方案（2022—2024年）》《贵州省智慧应用基础设施建设专项行动方案（2022—2024年）》《贵州省创新基础设施建设专项行动方案（2022—2024年）》等政策规划。以“数网、数组、数链、数脑、数盾”为主线，以构建高安全、高性能、智能化、绿色化、低时延的面向全国的算力保障基地为抓手，明确主要目标和重点任务，围绕全面升级信息基础设施、打造绿色算力设施高地、提升融合基础设施能级和构建新技术基础设施集群重点任务，通过实施算力集群攻坚行动、算力输送通道提速行动、算力调度协作行动等“七大专项行动”，优先集中力量建设起步区，推动数据中心向贵安新区集中，持续巩固贵安新区作为超大型和大型数据中心最多的地区之一的领先地位，打造“泛在感知、高速互联、智能敏捷、安全可信”的新一代信息通信网络设施，夯实新型网络基础。

（二）强化组织领导，完善工作机制

为有序有力推动“东数西算”落地实施，贵州省成立了以分管副省长为组长、以各相关委办厅局和重点企业为成员单位的全国一体化算力网络国家（贵州）枢纽节点工作领导小组，定期会商调度；由省大数据局、省发改委、贵安新区成立“东数西算”工作专班，形成“省统筹、市（州）落地”机制，压实责任，扎实推进各项工作；建立省推进新型基础设施建设厅际联席会议制

度，强化统筹协调，加快推进新型基础设施建设和发展。探索建立大数据资源统筹管理和调度运行机制，实施大数据战略行动问责办法，首创省、市、县三级“云长制”，深入推进大数据发展体制机制改革创新。贵州省对推进新型基础设施建设责任进行分解，明确牵头单位和责任单位，制定专项行动方案，充分发挥各地、各有关部门作用，形成工作合力，切实推动大数据基础设施建设、传统基础设施智能升级、智慧应用基础设施建设、创新基础设施建设各项重点任务措施落到实处。

（三）强化要素保障，形成政策合力

加强用地用电用水保障，对重点项目新增建设用地计划指标，通过“一事一议”研究支持解决，将用电保障纳入电网规划，保障数据中心供水用水。优化项目审批，对符合条件的数字基础设施重大项目，积极申请国家能耗单列，同时鼓励按程序申请省级预留能耗指标，推动优化项目审批流程，实施重点项目快报快批绿色通道。加大资金投入力度，积极争取中央预算内投资，优化调整专项资金支出结构，推动政府政策资金向“东数西算”工程倾斜，支持企业申请基础设施领域 REITs（不动产投资信托基金），鼓励民间资本参与“东数西算”工程相关建设。

三　发展成效

基础设施是国家竞争力的重要标志，是经济和社会发展的基石，贵州持续推动数字基础设施从“有”到“优”、由“优”向“强”，有力支撑了经济的高质量发展、产业的智慧化发展、社会

治理的数字化发展，数字新基建带来的巨大乘数效应正带飞贵州发展。

（一）以网为基强算力，数字化建设上台阶

“双千兆”网络覆盖广度深度持续扩展。光纤宽带网络覆盖率持续提升。按照光纤“千兆家庭、万兆楼宇、T 级园区”的布局思路，部署超高速光网、骨干网，2022 年，贵州省新增光缆长度 23.5 万公里，累计已达 181 万公里（其中通信光缆长度累计达 167 万公里）。城市家庭千兆光网覆盖能力达到 100%；新增接入光端口数 116.25 万个，累计已达 2166.75 万个，10G PON 端口规模达 54.4 万个，贵阳、遵义成功入围国家“千兆城市”。**5G 网络建设稳步推进。**2022 年，贵州省共建 5G 基站 3.1 万个，至 2022 年 12 月底，5G 基站总数达到 8.43 万个，4G 基站总数达到 18.3 万个。贵州省移动电话基站总数达到 32.9 万个，每万人拥有基站 17.45 个，超过全国平均水平（16.19 个），实现 5G 网络乡乡通，行政村 5G 网络通达率超过 50%。

通信网络能力和质量大幅提升。网络带宽大幅提升。2022 年，贵州省互联网省际出口带宽比 2021 年增加 1 万 Gbps，达 3.8 万 Gbps，同比增长 35.7%，国家级骨干直联点带宽比 2021 年增加 100Gbps，扩容至 600Gbps。**网络架构进一步优化。**2022 年，贵州省新增兰州、西宁、呼和浩特 3 个骨干网络直连城市，贵州省骨干网络出省直连省（区、市）已达 16 个，直连城市 32 个。电信贵州节点由区域节点升级成为核心节点，中国移动（贵阳）数据中心升级为中国移动三大跨省中心之一，贵州联通新建 6 条东西向干线及高速传输系统。**IPv6 改造升级加快。**2022 年，贵州省

IPv6 工作重心由基础设施改造转向应用推广。基础电信企业已完成基础设施的 IPv6 改造，并全面开启 IPv6 承载业务；贵州省骨干网直联点已实现与其他骨干网直联点 IPv6 互联互通，数据中心、域名服务器、内容分发网络完成 IPv6 改造。“贵州省各级各类政府网站 IPv4/IPv6 双栈改造与统筹部署应用”案例成功入选中央网信办与工业和信息化部指导开展的 2022 年互联网协议第六版（IPv6）规模部署和应用案例征集活动。贵州农信携手华为打造建设了基于“IPv6+”的 SRv6 智简广域网络，助力贵州农信数字化转型，在缩短业务上线周期、保障业务承载质量和提升整网运维效率等方面均取得实效。**信息通信服务质量提升。**落实一系列助企纾困的措施，积极推进网络提速降费，鼓励通信企业对中小微企业给予专线和宽带费用减免，全省中小微企业宽带平均资费下降 21.86%，专线平均资费下降 18.18%，有效减轻了企业经营负担。

网络优化助力提升算力枢纽节点定位。随着贵州省通信网络提档升级，特别是贵州省骨干网络的优化和到其他 7 个枢纽端到端单向时延平均降至 20ms 以内，时延和丢包问题得到根本改善，提升了贵阳贵安数据中心业务访问网络支撑能力，持续为互联网业务访问加速。贵州省已形成承接东部 100%冷业务、70%温业务、20%热业务的能力。贵州省将以“东数西算”为牵引，不断丰富和打造“东数西存、东数西训、东数西渲、东数西营”等多样化业务应用场景，大力全面承接面向东部地区和全国其他市场的各类算力业务，进一步提升贵州省算力服务能力和品质，在国家算力网形成优势。

（二）以算为核夯基础，数据中心促发展

贵州数据中心规模化发展，存力、算力稳步提升。在国家推

进实施“东数西算”工程的大背景下，贵州作为国家重要算力枢纽，充分发挥自身禀赋优势，树立“存力为基，算力为要，数据为核，项目为王，产业为本”的发展理念，贵安数据中心集群领先地位持续巩固。在三大运营商数据中心、华为数据中心、腾讯数据中心、苹果数据中心已落地并形成服务能力的基础上，积极引入国家部委、金融机构、央企和互联网头部企业数据中心向贵安新区集中，金融 818、国电投、美的和中国移动数据中心三期开工建设，实现算力大规模集群化部署，贵安新区作为全球集聚超大型和大型数据中心最多地区之一的领先地位持续巩固。贵安超算中心（一期）已建成投用，单精度算力达到 13.4PFlops，为 FAST、基因测序、建筑抗震等领域提供 1000 余次算力服务，服务企业 200 余家，设备平均使用率超过 80%。贵州省在推动数据中心集群化部署的同时，注重提升数据中心绿色化水平，贵安数据中心集群 PUE 平均值为 1.3。中国电信和中国联通贵州数据中心获批国家新型数据中心典型案例，华为贵安云极智节能示范项目 PUE 值低于 1.2，入选首批国家“东数西算”工程绿色节能示范项目。截至 2022 年底，已有 7 个数据中心获批国家级绿色数据中心。

以“一中心、一基地”模式推动“算力出黔”。贵州省以建设国家数据生产要素流通核心枢纽为目标，在贵安新区以“一中心、一基地”模式部署算力，完善算力运营模式，推进算力商品化和标准化，提升面向全国提供算力服务的能力。其中“一中心”为在贵阳大数据科创城建设的算力运营调度中心。贵州枢纽算力运营调度中心的建设运营，在算力跨云扩展调度，实现云网一体、算网融合和整合闲置算力资源等方面进行实践探索，为国家跨区域数据中心互联互通和算力调度，进一步构建统一调度、统一交易、统一运维的国家级算力网提供“贵州经验”。目前，算力调度运营平台已接入多家算力服务商，可统筹闲置算力资源约30PFlops，存储资源约85PB，算力增值服务产品约30种。“一基地”即算力基地，包括位于贵安龙山工业园和电子信息产业园的主算力数据中心、行业数据中心和云服务中心，提供闲散算力和存储产品，形成公共资源池，为全国提供高安全、高可靠、可定制、可计量、可评估的标准化算力服务产品。以科创城为前店、以龙山工业园和电子信息产业园为后厂的“前店后厂”模式已形成，贵州已具备面向全国提供算力服务的能力。

数据中心产业生态不断壮大。2022年，贵州省在加快推进“东数西算”工程、建设全国一体化算力网络国家（贵州）枢纽节点进程中，突出数据中心首位产业的功能定位。上游发展服务器、电力供应、数据库、电子元器件等算力基础软硬件产业，浪潮英信科技、贵州云上鲲鹏、微芯科技、加来众科等一批潜力企业已落地贵州；下游发展云服务、数据利用、工业互联网、算力安全、平台经济等算网服务与应用产业，中软国际、永中软件等一批行业龙头企业落户科创城开展数据应用服务。建成鲲鹏服务器生产基地，联合24家生态企业共同成立“贵州鲲鹏计算产业联盟”，旗下鲲鹏服务器生产线、PC产线均已投产，产量累计达6万台，营收突破8亿元。

（三）以用为要促建设，数字赋能全面推进

强化融合发展，推动传统基础设施智能升级。智慧交通基础设施建设加快推进。2022年，贵州省积极打造智慧交通基础设施。

贵州省交通运输厅开展 G212 六广河特大桥、G321 乌溪特大桥等长大桥健康监测系统建设，发布物联网数据接口标准及文件，优化质量监管平台，并在全省 14 个在建高速公路项目开展应用。贵州省智慧航空口岸大数据项目已完成建设，有效提升口岸信息化、智能化水平。**智慧电网基础设施加速建成。**2022 年，贵州省城乡配电网自动化覆盖率达 60% 以上。贵州电网首个智慧仓储系统项目在贵阳建成，实现电力物资可视化管理。贵州首个分布式智能电网示范区落户盘州，在保障当地绿色用电的同时，能有效降低群众电费支出。**智慧水利基础设施建设投入运行。**2022 年，贵州省围绕“数字孪生流域建设”，完成数字孪生夹岩水利枢纽及黔西北供水工程雨水情自动测报系统等子系统建设；数字孪生清水江项目投入试运行，该项目入选 2022 年度水利部推荐应用案例。贵州省水库运行及安全监测监管系统已接入智慧站、水位站、视频监测等设备，基本实现水库雨水情测报、视频监控，水库大坝安全监测数据在线监管。**智能煤矿基础设施建设。**2022 年，全省新增建成并投运煤矿智能化采掘工作面 24 个，累计建成并投运煤矿智能化采掘工作面 51 个。贵州省煤矿智能化运维服务平台已完成平台一期功能研发并运营，累计实现 152 处煤矿线上运维。贵州省第一个启动建设的国家级智能化示范煤矿新田煤矿已通过专家组现场验收。

强化平台建设，统筹布局创新基础设施。在科学研究方面，贵州大学省部共建公共大数据国家重点实验室已建成一流的公共大数据科研平台与算力中心，每天平均作业任务提交数约 200 个，截至 2022 年，已支撑 50 多项国家级项目开展研究；启动贵州医学测序平台重大科研基础设施建设，项目建成后将具备年 150 万例基因测序能力，助力降低人口出生缺陷率，降低5岁以下儿童死亡率和慢性病导致的人群死亡率，推动先进诊断、精准医疗等先进技术应用。**在地理天文观测方面，**海誉、北斗星防灾应用、朗玛、媒体融合、智源信息等大数据双创平台获软件著作权近100项、申请发明专利41项，平台促成、带动和吸纳就业超3000人。“中国天眼”FAST建成以来，年观测时长超过5300小时，每天接收到的观测数据量达到30~40TB，截至2022年已发现的脉冲星总数达到740颗以上。

突出应用导向，推动智慧应用基础设施建设。在工业数字基础设施方面，持续优化“贵州工业云”平台，该平台2022年月活跃注册用户数超过18万个，主要生产设备接入2万余台（套）；振华电子行业工业互联网标识解析二级节点顺利通过验收，累计标识注册量达1.52亿个，贵阳块数据二级节点、南方电网（电力行业）与省级工业互联网安全态势感知平台完成对接；贵州茅台、振华电子等80余个项目入选工业和信息化部工业互联网相关试点示范项目名单。**在公共卫生数字基础设施方面，**推动贵州健康码与贵人码合并升级，打造“防疫服务”“医疗服务”“社区服务”“便民服务”等服务全覆盖的贵人码；加快推进贵州省人民医院、贵州医科大学附属医院、黔西南州人民医院等6家互联网医院建设；贵阳市、遵义市、铜仁市、安顺市基本建成市级医学检查检验结果共享交换信息系统，支撑全省65%的县级以上公立医疗机构开展云胶片服务，2022年累计开展远程影像诊断超过30万例。**在文旅数字基础设施方面，**升级完善“一码游贵州”平台门票分销、预约等功能，推动全省6万余家商户、500余个A级旅游景区旅游资源在平台汇聚，平台累计访问量达4.35亿次，总用户突破

2900万人；建设“一码游贵州”文旅产业数字监管服务平台，强化旅游市场监管；搭建贵州博物馆精品展览展示云平台，集中整合贵州省各博物馆“碎片化”的数字资源，构建基于主题式或创意式的文物数字化高端“云展览”。**在新技术基础设施方面，**2022年，完成主权区块链基础设施平台和主权区块链开放创新平台搭建，全省累计部署“享链”节点150个。建成覆盖全省的北斗卫星导航定位基准站89座、北斗数据中心1个、异地数据备份中心1个。搭建“问北位置·贵州”用户服务平台，进行北斗高精度位置服务。贵州省地质灾害防治指挥平台已接入北斗自动化监测点超过7000个，排查近28000处风险隐患点。北斗车辆道路救援平台提供基于北斗高精度位置导航的信息化和智能化支撑服务，在线运营且接入北斗车载终端的救援车辆近1000辆。

第六章 贵州省大数据融合要素价值逐步释放

贵州是全国首个国家大数据综合试验区，在大数据制度创新、数据资源开放共享、大数据创新应用、大数据资源流通与交易等方面开展系统性试验，先行先试、改革创新，全省大数据发展大踏步前进，在全国范围内形成辐射带动和示范引领效应，大数据成为新时代贵州经济社会高质量发展的新动能和世界认识贵州的新名片。

一　发展基础

贵州省高度重视数据资源共享交换与开发利用，不断营造良好的数字发展政策环境，开展交易试验，为数据交易先行先试打下良好基础。

（一）贵阳大数据交易所为数据交易夯基垒台

数据流通交易作为国家大数据（贵州）综合试验区七项试验任务之一，自实施国家大数据战略以来，贵州高度重视数据流通交易工作，成立了全国第一家大数据交易所——贵阳大数据交易所，2015 年，经贵州省人民政府金融工作办公室批复挂牌运营。贵阳大数据交易所在前期先行先试、率先探索，方向正确，为推动数据要素市场培育积累了经验。2021 年，贵阳大数据交易所进入优化提升阶段，抢抓数据价值化新机遇，探索数据要素资源化、资产化、资本化改革新路径，大力培育数据要素流通产业生态。

（二）条例规范为开展数据交易保驾护航

贵州省关于数据要素相关政策文件陆续出台，有效规范了数据资源的管理及开发利用，数据要素价值释放推动数字经济发展的“乘数效应”明显提升。

立法创新为数据流通交易提供法律依据。2016 年，贵州省率先颁布全国首部大数据地方性法规《贵州省大数据发展应用促进条例》，提出要培育数据交易市场，规范交易行为，鼓励和引导数据交易当事人在依法设立的数据交易服务机构进行数据交易。2019 年，贵州省颁布《贵州省大数据安全保障条例》，明确数据安全责任、监督管理、支持与保障等关键问题；2020 年，颁布《贵州省政府数据共享开放条例》，在安全基础上推动共享、开放和应用，鼓励公民、法人或者其他组织利用政府数据资源创新产品、技术和服务。在颁布上述地方性法规的基础上，贵州省修订《贵州省信息基础设施条例》，明确提出支持数据交易服务机构利用数据中心、云计算、区块链等信息基础设施为数据交易提供专业咨询、资产评估、登记凭证、交易撮合等专业服务，促进数据要素依法流通。

数据资源管理标准规范较为齐全。贵州省先后编制了《贵州省大数据清洗加工规范》《贵州省省级政务数据元数据梳理工作规范》《政务数据　第 2 部分：元数据管理规范》《政务数据　数据分类分级指南》《贵州省公共数据资源分类分级指南（试行）》《贵州省公共数据资源开发利用成效评估指标体系（修订版）》《贵州省公共数据资源开发利用实施细则》《数据服务、数据产品定价指标体系》《贵州省数据质量评估体系》《贵州省政府数据共享开放条例》等系列标准规范，为数据资源目录编制、分类实施、开发利用、清洗加工、元数据管理等工作提供指导和遵循。

二　重点举措

贵州省深刻认识到发展数据交易的重要性，依托发展优势，抢抓数据价值化新机遇，探索数据要素资源化、资产化、资本化改革新路径，大力培育数据要素流通产业生态，采取一系列举措助力贵州省数据交易体系健康、快速发展。

（一）完善数据交易顶层设计

明确数据交易发展方向。2017 年 4 月，贵州省委、省政府印发《关于推动数字经济加快发展的意见》，提出发展数据交易服务，加快建设贵阳大数据交易所，发展数据资产评估、大数据征信、大数据融资等相关配套服务。同年发布的《贵州省数字经济发展规划（2017—2020 年）》，提出加快培育数据交易业务，探索发展数据商品交易、算法交易、数据服务交易、商业数据衍生品交易等交易品种，逐步完善大数据交易产品体系，形成全国重要的数据交易市场。《贵州省国民经济和社会发展第十四个五年规划和二〇三五年远景目标纲要》提出，支持在经济调节、市场监管、社会管理、公共服务、生态环境保护等领域开展数据开发利用，进一步释放公共数据等各类数据资源的经济价值和社会价值。

建立数据要素流通制度体系。在地方立法的基础上，制定数据要素流通相关制度，为开展数据交易提供了制度保障。制定《贵州省政务数据资源管理暂行办法》，要求数据统一管理、统一调度，各级政府部门设置“数据专员”，建立全省统一、安全高效的政务数据共享交换调度体系。制定《贵州省数据流通交易管理办法（试行）》，明确交易场所、交易标的、交易流程和各参与方权利、义务等，构建“所商分离”的生态体系，为开展数据流通交易提供基础制度保障。

（二）创新模式推进数据交易机制改革

为优化贵阳大数据交易所，明确贵州省大数据发展管理局作为行业管理部门，负责贵阳大数据交易所统筹管理工作，指导制定数据流通交易制度、规则、技术标准规范等，培育数据要素市场，建设数据流通交易市场体系，贵州省地方金融监督管理局作为行业监管部门，负责贵阳大数据交易所及其经营活动的监督管理工作，会同行业管理部门共同维护行业秩序。

组建贵州省数据流通交易服务中心。组建公益一类事业单位——贵州省数据流通交易服务中心，兼顾效益、公平和数据安全，履行数据流通交易管理职责，在数据要素市场领域，制定和完善流通交易规则、交易平台运营管理制度、数据商准入管理制度等制度规范。具体负责数据流通交易、合规监管服务等工作，承担数据流通交易平台建设管理，开展数据商准入审核、数据要素登记等服务，制定顶层设计、交易规则、标准规范、交易监管等制度规范。

完成贵阳大数据交易所有限责任公司投资重整。贵州大数据集团完成对贵阳大数据交易所有限责任公司的投资重整工作，由贵阳大数据交易所有限责任公司负责安全可信数据流通交易平台的运营，承担市场推广、交易撮合、业务拓展等工作，积极探索市场化运营路径，培育一批专业“数据商”和第三方数据中介服务机构，努力营造一个服务全国的数据流通交易生态。

（三）布局体系标准规范行业发展

推进数据交易标准体系建设。为推动建立大数据交易相关标准，规范数据交易流通体系，促进大数据交易产业规范化、标准化、科学化、优质化发展，贵州成立了大数据流通交易专业委员会。2020 年，贵州省大数据发展管理局联合贵州省市场监督管理局印发《贵州省大数据标准化体系建设规划（2020—2022 年）》，从数据管理、交易流程、安全保护、价值评估、平台功能等方面提出了由 13 项标准组成的贵州省大数据交易标准体系。

发布全国首套数据交易规则体系。为进一步规范贵阳大数据交易所的运行机制，2022 年 5 月 27 日，贵阳大数据交易所数据交易规则发布活动在贵阳举行，现场发布了全国首套数据交易规则体系，积极抢占全国数据交易话语权，引导规范数据流通交易，从核心上探索解决“数据确权难”“数据定价难”“数据监管难”等难题。《数据要素流通交易规则（试行）》破解“数据确权难”，提出由交易中心开展数据确权登记服务，明确数据使用权和收益权、流通交易数据使用权，通过交易主体登记、产品审核、交易磋商、交易实施、交易结算、交易评价等要求，规范交易行为，发展交易生态。《数据产品成本评估指引 1.0》《数据产品交易价格评估指引 1.0》《数据资产价值评估指引 1.0》破解“数据定价难”，明确从“成本归集、定价思路、价格形成、资产价值评估”等方面出发，建立数据资产价值评估模型，为交易提供定价依据和价值评估。推进数据资产化和资本化。《数据交易合规性审查指南》《数据交易安全评估指南》《数据商准入及运行管理指南》破解“数据监管难”，提出“不安全不上架”“不安全不流通”，严守数据安全底线；开展交易前、中、后全流程合规性审查，“一产品一审查”“一交易一审查”，明确数据商资质要求、业务范围、准入及退出机制，保障场内交易的合法合规性。

三　发展成效

为落实习近平总书记“在实施数字经济战略上抢新机”的重要指示精神，抢抓国家推动数据价值化新机遇，“抢滩”数据价值化的蓝海，抢占数据流通交易的话语权，继续擦亮“贵阳大数据交易所”品牌，打造国家数据生产要素流通核心枢纽，通过探索贵州数据流通交易新机制，构建贵州数据流通交易新体系，创新实践数据流通交易，推动数据要素市场化配置改革。

（一）探索贵州数据流通交易新机制

探索权属分置、价值激活的产权制度。探索建立了数据要素登记制度，通过颁发凭证，保护数据交易各参与方的合法权益，界定数据要素市场各参与方的权利和义务。通过数据商凭证、数据中介凭证，明确市场主体服务范围和权责；通过颁发数据要素、数据用益权、数据信托等登记凭证，明晰数据资源持有权、数据加工使用权、数据产品经营权。通过探索颁发各类登记凭证，逐步建立权属清晰、权责明确、流转顺畅的数据要素产权制度。

探索利益共享、多元分配的利益分配机制。按照“谁投入、谁贡献、谁受益”的原则，推动数据流通交易收益向数据价值和使用价值的创造者合理倾斜。**政务数据方面，**改变原来无偿提供的模式，通过被授权单位将收益按一定比例反哺数据提供部门的信息化建设，实现政务数据交易收益合理分配，提高数据提供部门参与的积极性和主动性。**公共数据方面，**编制形成《贵州省公共数据资源开发利用收益分配机制》，探索成本分摊、利润分成、股权参股、知识产权共享等多元化利益分配机制和公共数据授权运营及合作开发模式，支持龙头企业、互联网平台企业与数据运营机构合作，形成市场化利益分配机制。**企业数据方面，**鼓励企业数据自主创新应用，激发企业数据活力，形成可流通交易的数据产品和服务。

探索价值导向、定价科学的数据资产化实践路径。贵阳大数据交易所以数据价值为导向，推进开展数据价格形成、产品定价、价值评估探索，研究发布《数据产品成本评估指引 1.0》《数据产品交易价格评估指引 1.0》《数据资产价值评估指引 1.0》，基于研究成果建成全国第一个自主研发的数据产品交易价格计算器上线贵州省数据流通交易平台，并以贵州电网有限责任公司为首个试用对象，开展“企业用电行为分析”数据产品的价格计算服务，为交易双方提供数据产品定价参考。联合贵州省气象信息中心、普华永道发布《气象数据估值系列白皮书之一：解锁气象数据价值新方程》《气象数据估值系列白皮书之二：构建气象数据生态发展新引擎》。编制《资产管理　数据资产管理指南》《资产管理　数据资产建设通用要求》《资产管理　数据资产确权登记导则》《资产管理　数据资产运营人员能力要求》，初步形成一套完整的数据定价和资产评估标准体系。

探索认证唯一、身份可溯的要素标识体系。为有效支撑数据要素确权、流通、分配、治理各环节工作高效开展，借鉴其他生产要素登记体系的建设模式和经验，贵阳大数据交易所深入探索数据要素登记体系建设新模式，于 2022 年 12 月获得国家 OID 注册中心正式授权，成为全国首个数据要素登记 OID 行业节点，开展数据要素登记 OID 节点和数据要素确权登记平台建设，探索 OID 标识与数据要素登记凭证等贵州模式和做法的联合运用，形成数据要素的唯一性认证标识，从法律、制度、机构和服务等四个方面协同发力，探索构建契合数据要素登记核心业务流程需要的技术标准体系，逐步攻克数据要素确权规范缺失、标准不一，技术支撑不完善等核心难点，充分保护数据生产、流通、使用过程中各个参与方享有的合法权利，更好地服务于国家数据要素流通交易体系。

（二）构建贵州数据流通交易新体系

创建权责分明、定位清晰的组织架构。为打造安全可信流通体系、形成统一高效的数据要素流通交易市场，省大数据局与省地方金融监管局联合印发了《贵阳大数据交易所优化提升方案》，进一步明确贵阳大数据交易所功能定位和业务经营范围，改变贵阳大数据交易所原本单一的民营企业主导模式，全国首创公益事业单位+国有企业的“一中心+一公司”全新组织架构，打造“政府引导、企业参与、中介辅助、技术支撑、省市一体”的数据交易生态。贵州省数据流通交易服务中心作为贵州省大数据发展管理局下属一类事业单位，突出政府公信力，强化交易所公共属性和公益属性，负责规范贵阳大数据交易所日常运营，开展数据商准入审核、数据要素确权登记等服务。贵阳大数据交易所有限责任公司作为国有全资企业负责交易平台日常运营、市场推广和业务拓展等工作，进一步明确交易所功能定位和任务分工。贵州省大数据发展管理局作为行业管理部门、贵州省地方金融监督管理局作为行业监管部门分工合作，共同探索数据流通交易安全、合规发展路径和监督管理机制，构建政府、企业、社会多方协同治理模式。

建设安全可信、高效流通的基础设施。全面强化提升贵阳大数据交易所基础服务能力，运用云计算、区块链、联邦学习、多方安全计算等技术，建设全省统一的安全可信数据流通交易平台，具备数据确权登记、产品上架、流通交易、交付结算、合规监管等功能，实现原始数据“可用不可见”、数据产品“可控可计量”、流通行为“可信可追溯”，依托全国一体化算力网络国家枢纽节点，支撑数据产品和服务、算力资源、算法工具等多元化产品交易，为市场主体提供低成本、高效率、可信赖的交易环境。创新开设气象数据、电力数据、算力资源专区等行业领域“交易专区”，统一行业数据供给出口，打通数据供需渠道，破解有效数据供给不足等难题，实现数据高效流通。

制定合规交易、规范管理的规则体系。全面统筹布局数据要素流通交易制度体系，以数据确权难、定价难，市场主体互信难、入场难、监管难等痛点难点为切入点，进一步规范交易所运行机制。发布包括《数据要素流通交易规则（试行）》等 8 个规则在内的全国首套数据流通交易规则体系，从交易主体登记、交易标的上架、交易场所运营、交易流程实施、监督管理保障等方面，突出“数据供给有序、产业生态丰富、交易场所规范、安全保障有力”的特征，引导数据安全流通、合规交易，推进数据流通交易规则体系建立和发展，探索区域数据流通交易的制度规范，为实施依规交易、依规监管、依规治理提供制度保障。

夯实安全可信、监管有效的保障体系。全面构筑牢固有序的数据流通交易安全屏障，初步形成政府引导、企业和行业自律等多种方式共存的监管模式。**组织上，**行业管理部门和监管部门分离、贵阳大数据交易所运营主体和监督主体分离、数据商角色和贵阳大数据交易所分离，保证数据流通交易规划主体、监管主体、监督主体、推广主体相互分离，各司其职，避免同一主体既是裁判员又是运动员、出现监管缺位现象；**制度上，**制定数据交易安全评估、合规审查等规范，初步建立数据流通交易评估、审查工作机制，开展安全评估和合规审查，提出“不安全不上架”“不安全不流通”的安全评估原则，实行“一主体一审查”“一产品一审查”“一交易一审查”的审查要求；**技术上，**构建安全技术保障平台，实现数据来源可溯、去向可查、行为留痕、责任可纠，确保流通的数据安全合规使用；**行业自律上，**探索数据交易负面清单，增强市场主体安全意识，凝聚合力，压紧压实各主体安全责任，坚守数据流通交易安全底线。

培育布局合理、欣欣向荣的产业生态。全面构建多层次、多元化数据流通交易生态体系，以数据场景创新应用大赛、中国国际大数据产业博览会等为抓手，以数据商和数据买方为内环，数据中介为中环，以场景落地为外环，着力培育和引进一批数据商、数据中介，建立数据采集、存储、加工、传输等全流程数据服务体系和数据经纪、法律咨询、合规认证、安全审查、资产评估、争议仲裁等全流程交易服务体系，推动形成数据流通交易产业生态。2022 年 4 月，贵阳大数据交易所正式上线了全国首个官方数据专区——“气象专区”，开启首项中国高价值气象数据有序流通交易。2022 年 8 月，贵阳大数据交易所上线了“电力专区”，产品体系包括标准化电力数据产品、场景化电力数据产品、电力数据体验样例、电力数据算力产品等四大类共计 28 个产品及电力数据权威验真特色服务。2022 年 12 月，在贵州省大数据发展管理局指导下，由贵阳大数据交易所主办的“数据场景应用创新大赛”已正式启动，旨在以赛为媒、以赛聚才、以赛促用，推进数据资源开发利用，激发数据要素新动能，培育数字经济新模式新业态，推动数字经济高质量发展。同时，贵阳大数据交易所获得国家 OID 注册中心正式授权，成为全国首个数据要素登记 OID 行业节点，积极为全国一体化数据要素登记体系建设探索路径。截至 2022 年底，入驻“数据商”402 家，上架数据产品 606 个，完成交易 137 笔，完成交易额 36104. 17 万元。

展望篇

踵事增华续篇章，数实相融启新程

第七章 贵州省数字经济和实体经济深度融合工作展望

贵州省实施“万企融合”大行动五年以来，全省数字融合不断创新，数字产业规模不断提升，数据要素价值逐渐显现，成效显著；全省数字融合在取得显著成绩的同时，仍存在一些影响和制约发展的问题。下一步，贵州省将大力实施“万企融合”大赋能行动，按照“一业一指引、一业一标杆、一业一平台”总思路，充分发挥贵州大数据先行先试优势，把握新一轮科技革命和产业变革的重要机遇，通过加强关键数字技术创新应用，加快推动数字产业化，促进数字技术与实体经济深度融合，赋能传统产业转型升级，推动龙头企业建平台、中小企业上平台用平台，打造“全面铺开、重点突破”发展格局，加快白酒、制造业、新能源、新材料、文化旅游、物流、特色农业等行业向数字化、网络化、智能化转型升级，进一步释放数据作为重要生产要素的价值，培育高质量发展的新引擎。

一 现存问题

（一）面对三重压力并存，数融市场供需匹配不畅

一是企业转型需求收缩，企业数改意愿减弱。2022 年贵州省

限额以上法人企业（单位）商品零售额同比下滑 4.2%，其中服装、鞋帽、针纺织品类零售额下降 26.8%，小微企业信息化投入占销售收入的比例仅为 0.29%，低于全国平均水平（0.4%左右）。在新冠疫情的影响下，面对需求收缩、供给冲击、预期转弱三重压力，多数企业收入下滑，面临不断加大的生存挑战，部分企业会把资金优先投入生产经营必需环节，减少乃至中断对数字化生产设备、软件等的投资，或不愿将资金投入长期、系统的大数据融合战略中，在实施推进中踌躇不前。

二是技术支撑薄弱，服务质量有待提升，受经济与资源禀赋等条件制约，贵州本地数字技术供给薄弱，2022 年贵州省软服业收入占全国软服业收入的比重仅为 0.6%，大数据领域的国家级专精特新企业仅 7 家，本土有实力、有技术的数字解决方案服务商稀缺。此外，贵州省中小企业偏多，行业特征及转型需求不一，企业分布较为零散，服务商由于技术开发投入不足，无法高效顺畅地满足企业生产经营需要。

（二）支撑保障不够健全，公共服务体系有待深化

一是参照指引不够精准，企业数融方向不清。当前，对于企业数字化转型的研究较多，但大多聚焦通用型路径框架，对于细分行业企业特别是中小企业的指导性较弱。贵州省通过“万企融合”五年大行动，使数实融合概念深入人心，企业转型意识普遍提升。然而，系统性的参照指引缺位，企业前瞻性整体性融合转型规划不足，数字化系统重复建设、杂乱分散，且协议标准互不相同，导致实际应用中数据互通与系统集成不畅，不仅影响转型成效，还会加重企业资金负担。

二是产业互联能力不优，行业数据汇聚困难。目前，全国跨行业、跨领域的工业互联网平台共28家，整合进“国家队”的重点工业互联网平台共32家，覆盖了原材料、装备、消费品、电子、能源等重点产业领域，贵州暂无平台上榜，虽然近几年贵州打造了华为软件开发云、贵州工业云等一批公共服务平台，但对中小企业数实融合支撑效果远远不够。如贵州工业云注册用户已达18万户，连接设备1万余台，但服务规上企业不到500家，占全省规上企业的比重不到10%，平台功能目前主要体现在“连接”，沉淀并赋能的能力有待挖掘。此外行业型的数字化转型应用平台少，有影响力且应用活力高的平台更是屈指可数。因此，贵州重点行业大数据汇聚应用受阻，数据壁垒依然存在，这不仅阻碍了企业转型升级，也严重制约了全省数据要素市场的发展。

三是人才结构失衡，招引机制还需完善。2022年贵州省多数市（州）数字技术相关人才引进数量不足，现有人才中基础型人才占比大，创业型、领军型、掌握前沿技术的高级人才占比小，人才结构失衡。一方面，受传统观念影响，贵州省部分企业在大数据技术人才引进方面的预算不足，对既懂技术又懂生产的大数据人才吸引力较弱，难以支撑数实融合相关业务落地运营。另一方面，由于忽视人才体系建设，部分企业缺少有效的人才成长晋升机制，企业留人相对困难。此外，贵州省高等院校培养体系大多注重单一学科内容，跨专业、跨学科、跨产业人才培养不足，难以满足企业数字化发展实际需要。

（三）新基建应用深度不足，信息安全服务还需强化

一是新型基础设施应用深度仍需加大。截至2022年底，贵州

省累计建成8.4万个5G基站，每万人基站拥有量为17.45个，高于全国平均水平（16.4个），但全省行政村5G网络通达率仅超过50%，低于山西、吉林等地，通信网络、人工智能等基础设施应用仍需推进。贵州省推进新型基础设施建设要“以应用为牵引，以成效为导向”，建设好数字经济发展“底座”，为产业赋能、服务提质、经济增效提供持续动力。

二是信息安全保障服务能力亟待提升。2022年贵州省大数据领域总投资达205.39亿元，同比增长30.35%，产业规模不断壮大。与此同时，企业对于数据网络安全的意识仍较薄弱，贵州省仅21.8%的企业通过加密、认证等手段开展网络信息传输安全管理，仅16.8%的企业通过数据脱敏脱密等方式进行信息隐私安全保护，网络信息、数据安全相关标准、法规建设也不够完善。面对信息安全的威胁多元性与危害倍增性，贵州省需统筹好发展与安全两件大事，提升信息安全保障服务能力，守好信息安全的生命线。

（四）数据潜能尚未激活，数据交易生态亟待完善

一是基础制度尚不健全，权属保障有待完善。一方面，贵州省数据交易相关基础制度仍在完善。2022年5月，贵阳大数据交易所发布全国首套数据交易规则体系，规范了数据交易的运行机制，但基础制度不健全的问题依然凸显，如数据产权制度、收益分配制度和数据治理制度等尚处于探索完善阶段，影响了数据交易双方的权属利益，制约了数据交易的落地实施。另一方面，相关制度规定不够明确具体，执法中难以直接使用，由此导致在监督管理过程中，各相关部门职责权限不清、治理难度大、执法力

度不集中，影响数据风险的集中高效管控。如数据保护方面，需要公安、工信、网信、市场监管总局等多部门协调配合，协同化监管机制亟待明确完善。

二是核心技术应用不足，质量安全有待提升。一方面是数据商在强化高质量数据要素供给层面，存在人工智能、大数据等技术应用不足，核心技术支撑不够等问题，无法满足对原始数据的准确获取、数据后期的加工组织、数据安全保障及创新应用等核心领域的需求，尚未实现最大化释放数据的价值潜力。另一方面是数据交易所面临各领域数据门类繁杂且来源广泛的情况，而作为数据汇聚流通和交易的平台尚处于技术、功能持续完善阶段，区块链、隐私计算等新技术应用和可信结算体系的构建都面临重大考验。

三是市场机制尚未健全，流通交易量仍需提升。当前数据要素流通市场单一，通过大数据交易所挂牌数据较少，从量和质上都无法满足数据市场的需求。同时，市场上存在大量的场外数据交易，缺乏有效监管和安全保障。从整体上来看，数据要素流通缺乏以政府为主导、市场化的数据要素交易机构和服务平台进行有效的数据归集、加工、供需对接，实现数据升值、数据变现，同时满足监管和安全要求。

二　工作展望

（一）分业施策

贵州省产业结构有鲜明的地方特色，根据不同产业的结构特点、发展现状以及发展目标，制定差异化的数字化转型政策，充分利用数字技术与数据价值，强化各产业优势特点，有针对性地解决产业发展诉求，打造贵州特色现代化产业体系，推动贵州经济发展质量变革、效率变革、动力变革。

一是构建一批数字化转型指引。聚焦“四化”优势行业、新兴热门行业数字化转型需求，在白酒、能源、特色农业等重点行业开展调查研究，梳理行业转型痛点、堵点，强化政产学研用融合，研究形成一批行业数字化转型指引，促进行业数字化转型做深做实。**二是打造一批数字化转型标杆。**支持电子、能源、白酒、新材料、先进装备制造、特色农业、文化旅游、金融、商贸等重点行业龙头骨干企业开展全方位、全产业链数字化改造升级，开展数字化转型标杆项目培育认定工作，通过会诊服务、贯标推广、产销对接等活动的举办，做好标杆项目的应用推广，形成“重点突破，全面铺开”发展路径，带动行业整体数字化转型。**三是打造一批行业级数字化转型平台。**以全省大数据与实体经济深度融合公共服务平台为牵引，聚焦工业、农业、服务业等重点细分行业建设行业数字化转型平台，支持行业龙头企业基于自身数字化资源和能力，搭建数字化协同平台，带动上下游企业和合作伙伴在设计、采购、生产、销售、物流、售后等全过程实现信息协同和数字化改造，形成服务实体经济行业提质增效的“1+N”数字化转型平台架构，实现龙头企业建平台、中小企业用平台，推动企业“上云用数赋智”。

1. 推进工业行业数字化转型

2022 年贵州省工业中制造业企业初步具备智能制造基础条件的企业比例为 9.1%，相较于 2018 年增长 1.2 个百分点，然而较全国平均水平（12.6%）差距仍在扩大。下一步，贵州省需聚焦白酒、能源、先进装备等优势产业，优先探索差异化的数字化转型模式，扩大工业产业数字化转型的覆盖面，提升精确度，带动大数据与第二产业融合高质量发展。

一是推进贵州白酒特色产业数字化。白酒产业作为贵州省特色产业，在传统酿造上始终具有“重生产、轻流通”的弊端。加快推进数字化技术与白酒产业的深度融合，不仅能在规模效益、质量效益的基础上形成数据效益，还能以其作为新的动力极赋予白酒产业现代化发展的新空间。**推进白酒生产数字化。**根据不同香型对传统酒厂在酿酒、检测等环节进行标准化、自动化改造，包括打造智能车间、自动化生产运行、中央集中工艺控制等方面，在此基础上对计划调度、生产执行、设备管理等方面进行数字化升级，实现各生产环节数据互通，打造智慧酒厂。**建立白酒全过程追溯系统。**按照工信部发布的《白酒质量安全追溯体系规范》行业标准，对各类白酒在生产、检测、储运、销售、消费、监管等环节的信息进行数字化记录、存储、跟踪，建立白酒溯源系统，做到“一酒一码”，实现来源可查、去向可追、责任可究的目标。**扩大数字营销渠道。**目前白酒销售仍以门店为主，网络营销仅占小部分，扩大各类白酒的线上营销规模，做大做强“去融酒”“酱源河谷”等交易服务平台，同时打造良好的白酒直播营销环境，顺应当前白酒目标客户年轻化势头，逐步实现白酒营销数字化转型，打造“智慧茅台”等智慧白酒知名品牌。

二是推进现代能源行业数字化。贵州是南方最大的煤炭资源基地，拥有规模庞大的煤炭工业。电力行业作为碳排放量最大的领域，始终是碳减排的主力军。在“双碳”目标下，推进数字化转型是应对外部环境变化和满足自身发展需要的必然选择，要以数字化转型为载体，推动绿色低碳发展。**推动煤炭工业数字化发展**。在煤炭工业领域建立安全、共享、高效的信息管理云平台，促进煤炭企业数据的接入与管理。强化透明地质保障技术的应用，有效解决矿区实际地质问题，为领导驾驶舱解决智能矿区“怎么建”的问题。发展能源算力，推动能源大数据中心建设。引导贵州大型煤炭企业与通信运营商、科技类企业、高校及科研院所开展合作，布局智慧矿山试点，推动煤炭行业与5G、北斗、云计算等技术融合渗透，推广无人化开采、精准探测、数字管控等应用场景。推进行业监管线上化、煤炭交易透明化、运行维护无人化、安全预警网络化、煤炭消费互联化。**推进电力行业数字化转型**。依托贵州省大数据发展优势，构建智慧电网信息化管理平台，实现“发、输、变、配、用”各环节数字化转型。对传统电站进行智能化改造，在电站内部实现设备资产管理智能化、现场作业无人化、电网运行智慧化、生产决策智慧化，全面推进传统管理模式的转型升级；加快建设供配电大数据云平台，做好电力供需两端的数据对接，通过平台对电力用户尤其是大客户用电数据进行分析，有针对性地提供差异化服务，实现提质增效、节能减排。

三是推进先进装备制造业数字化。装备制造业是制造业的脊梁，加快装备制造业数字化、智能化、绿色化发展，实现综合竞争力的提升，对贵州省建设现代工业体系有重要的支撑作用。**深化装备制造企业大数据推广应用**。应用工业大数据等技术，打造一批数字化车间、智能工厂、未来工厂，实现企业智能决策与自动控制。总结并推广贵州省内国家智能制造试点示范项目、国家智能制造新模式应用示范项目及“万企融合”标杆项目在生产工艺、过程控制、供应链管理、产品营销及服务等环节的数字化转型经验，更大范围开展智能制造试点。**推动产业链数字化协同发展**。借助贵州省大数据基础设施，进一步提升省内数字化配套服务品质。一企一策培育“链主企业”、专精特新发展产业链关键环节优势企业，依托关键企业探索建立全省装备制造业供应链数字化服务平台，促进上下游企业在采购、生产、流通等环节信息实时采集、数据互联共享、发展协同高效，全面提高装备制造业产业链各环节的效率与质量。

四是推进医药行业数字化。贵州省中药材资源丰富，为健康医药产业发展奠定了良好基础。推进医药行业数字化，既是贵州省在数字经济时代将资源优势转换成发展优势的必要选择，也是提升医药产业竞争力的关键举措。**推动数字化质量追溯平台和基础设施建设**。推动各类药材、药品、医疗器械在生产、流通、使用环节的信息数字化记录，健全完善信息编码、对象标识、信息识别和监督管理等溯源要素的技术标准与手段，强化追溯环节的数据及信息互通共享，鼓励、引导信息技术企业提供药品追溯技术服务，在医药行业实现“一物一码，物码同追”。**促进健康医药上下游成果数据共享应用**。全面推进“互联网+医疗健康”便民服务。支持和建设全省医学检查检验结果共享交换信息平台，推进全省二级及以上公立医疗机构医学检查检验结果信息共享。支持构建集管理、运营、科研于一体的健康医疗大数据管理体系，常态化规范开展健康医疗大数据应用发展工作。积极推进大数据、云计算、物联网、区块链等新技术在医疗卫生领域创新融合应用。

2. 赋能特色农业现代化发展

近年来，贵州省加快发展农业现代化、推进乡村振兴，不断完善农村地区基础设施，提高农业物质技术装备水平，农业特色优势产业提质增效，大数据与农业融合发展水平五年提升 24.9%。下一步，贵州省需持续以数字技术赋能，深化第一产业种养、初加工、销售等环节数字化转型，打通各环节的数据壁垒，提高重要农产品标准化、规模化、品牌化水平，加快构建现代化农业产业体系。

一是推进智慧种养，实现精准化决策管理。因地制宜，发展特色智慧种植。目前，贵州种植业遥感与传感器数据的应用比例仅为 22.3%与 30.1%，部分农业企业认为数字化技术难以理解、不易使用。一方面，应持续优化集大数据、云计算、物联网、北斗等技术于一体的现代农业生产管理体系，推进智慧生产，对农作物进行数据采集监测、资源整合、分析应用等，结合地理气候特点优化作物布局，提升土壤质量与土地生产率。另一方面，应加强对农民数字技术的培训，发挥融合标杆企业的引领带动作用，为农民提供有关智能设备应用、数据处理分析等方面的专家指导与技术指导，提升农民新型业务能力与技术水平；打造高水平的新型合作社，推广“龙头企业+合作社+农户”组织方式，让农民广泛参与到龙头企业与特色产业的数字化建设中，实现农民增收致富、企业降本增效、产业现代化特色发展。**模式升级，标准化改造智慧养殖。**用人工智能、大数据等技术对传统养殖场进行智能化改造，在饲料投喂、环境监测、疾病监控、质量追溯、数据记录等方面实现数字化升级，对不同种类家畜家禽在采食量、饲料配比、环境设置等场景进行标准化设置、自动化控制，逐步实现养殖场智慧化管理、无人化生产，打造大规模一体化、数字化管理养殖基地，为智慧养殖提质增效。

二是深化数字化加工，加强农产品质量追溯。打造数字化农副产品加工厂。推动农副产品加工厂扩大规模，引导加工厂数字化、智能化升级，规范加工流程标准化；分别与上下游做好原料供应与市场销售的大数据对接，实现数据在产业链上生产、加工、销售各环节的高效流通，保障产业链供应链畅通。**构建农副产品追溯平台。**目前，贵州农产品实现全程质量追溯的比例在20%左右，推进一物一码的应用与产业链数字化升级，原料供给、产品加工、资质认证等环节能够为不同种类产品提供更多个体信息，通过农副产品追溯平台为农副产品生产经营者提供产品生产主体、产品种类、获取时间、加工情况、质检结果等信息，与农产品电子商务等交易平台互联共享，推进智慧产销对接，提升农产品质量安全。

三是推动产销对接，拓展数字营销渠道。提升云平台品质，推动产销对接智慧化。继续完善信息开放共享、数据互联互通的贵州农产品大数据平台，整合生产、运输、市场、金融等多方资源，做好信息采集、一站销售、数据管理等服务，保障产供销各环节的数据流通，充分打通"供—求"信息通道，实现产销对接便利化、精准化、多样化，有效指导贵州农产品"黔货出山"。**拓展农产品电商直播渠道，提高品牌知名度。**政府整合集聚资源、维护直播环境，探索与大型直播平台联动，举办短视频大赛等活动，拓展数字化营销新渠道，通过直播带货等方式提升凯里酸汤鱼、贵茶、老干妈、安顺"三碗粉"、哆吉栗板栗等贵州特色产品的知名度，强化农副产品的品牌化建设，塑造有贵州特色的大型品牌体系。

3. 引领旅游产业化升级

2022年贵州省旅游业有78.0%的企业入驻电子商务平台，

57.4%的企业应用了新媒体平台，在后疫情时代为贵州省旅游业发展注入活力。进入新发展阶段，贵州省需立足自身文化特色与地理特点，进一步优化线下旅游场景与体验，拓展线上旅游特色IP，推动数字强链，促进旅游业产业化发展。

一是便捷线下旅游，优化旅游场景与体验。推进智慧旅游服务系统建设，完善优化“一码游贵州”等旅游平台的功能，鼓励更多酒店、景区、网约车等加入平台，在政府的引导下推进各类主体功能互联互通，为游客提供无缝服务。**完善智慧旅游基础设施，**推动各类景区网络信号覆盖，在数字地图上定位入园游客，智能化显示景点、休息区、卫生间等场所的实时情况，为游客提供时间与路线上的差异化服务；目前仍有部分旅游企业未部署任何安全应急响应与危险预警，应进一步完善游客密集区、危险区等地带的信息采集与智能检测设备；仅29.6%的企业应用了智能服务机器人，应推广应用服务机器人，实现服务效率的提高，打造无接触智慧景区。**丰富智慧旅游场景，**基于贵州本地红色文化资源与少数民族特色，应用全息影像、虚拟现实、三维声场等科技手段，推动建设类似长征数字科技艺术馆等数字新场景，提供更多有特色的线下旅游产品。

二是拓展线上旅游，打造贵州特色品牌。全面优化多彩贵州文化云平台建设。推进虚拟旅游服务，利用5G+AR/VR、人工智能、5G+4K/8K高清直播等技术在景区提供线上实时智慧导游、电子讲解等服务，丰富用户互动功能，发展游客社区与用户生态。**打造贵州特色的文旅IP。**发展景区、博物馆等线上数字文化产品，将“贵银”“黔艺”“红色文化”等一系列优秀的文化资源培育成具有广泛影响力的文旅IP及文创产品，丰富线上旅游的内容与体验，促进线上线下旅游消费优势互补、融合发展。

三是推动数字强链，加强新技术在旅游产业链的应用。鼓励应用数字技术带动智慧酒店、智慧交通、数字金融等旅游关联业态发展，打造一体化、科学化、信息化的数字文旅管理体系，推进全产业链上景区、交通、商业、建筑业、金融业的数据互联互通，提高各环节的效率和效能，实现大数据赋能旅游业带动产业链、产业链支撑旅游业，提升旅游产业链现代化水平。

4. 推广生活智慧化服务

2022 年全省服务业增加值占全省 GDP 的比重为 50.5%，全国服务业增加值占国内生产总值的比重为 52.8%，贵州省服务业对全省经济发展具有举足轻重的作用，但对经济的贡献与全国平均水平还有一定差距。此外，2022 年贵州省第三产业企业处于融合初、中级阶段的企业占比达 86.6%，融合发展空间广阔。从融合效益来看，服务业在融合高级阶段（即实现跨企业的业务协同和模式创新）成效尤为突出，但目前企业占比较低，贵州省服务业的数字经济效益提升潜力仍待进一步挖掘释放。为加快推进全省服务业高质量发展，积极响应“四新”要求，抢滩数字经济新蓝海，满足人民日益增长的美好生活需要，贵州省应加强大数据同保障和改善民生的结合，推动数字技术在人们日常出行、购物、就医、交易等方面深度应用，推广生活智慧化服务，不断提高人民群众获得感、幸福感及安全感。

一是发展数字交通，优化物流体验、居民出行。强化智慧物流体系建设。目前物流行业还有近四成的企业未实现使用数据和信息化手段进行配送管理，需要进一步推动物流企业数字化水平建设，为后续整合物流产业链数据打好基础；整合公路、铁路、水路等数据，建设交通物流公共服务平台，打破企业间“信息壁垒”，为企业提供各种道路实时货运情况，帮助运输企业规划路线、减少拥堵，帮助仓储企业预测货运量、提前准备，最终提高物流效率，为居民提供更加高效的物流服务。**强化电子出行体系建设。**整合公交、地铁、公路、铁路的路线、时间表、售价等数据，开发一体化电子出行平台，为居民提供便捷的一站式出行服务；线下建设智能交通设备，推动公共交通设备智能化升级改造，实现售票、验票、安检、登程等环节的数字化、无感化。

二是发展智慧商贸，改善客户消费体验。推进农贸市场数字化进程。通过开展农贸市场转型升级，改善农贸市场的体验环境，推广“税黔通”等聚合支付平台的应用，简化支付流程，让客户使用任何支付方式均可完成交易；推广电子溯源秤，让客户买菜消费全程体验可追溯，推动农贸市场与物流公司合作，为客户提供线上购买、配送到家等便利服务。**推进传统商贸数字化进程。**推动传统商贸新零售转型，实现从“场货人”到“人货场”的战略重构。推动商贸企业以消费者为核心，利用线上平台收集数据，构建用户画像，实现精细化营销；与物流公司、供应商开展深度合作，搭建物流平台，为消费者提供多样化的产品和高效的配送服务；构建线上服务平台，为消费者提供并优化在线购买服务，同时收集数据用来优化服务，线下开设数字化门店，应用刷脸支付、自助结账等服务，为消费者带来智能、快捷的消费体验。

三是发展智慧医疗，增强患者就医便利性。加快健全智慧医疗服务体系。完善贵州省远程医疗大数据监管平台，大力发展远程医疗服务、医疗信息查询、电子健康档案、远程会诊等多种形式的健康医疗服务，为传统线下医疗分担压力、提高效率；继续推进医保电子凭证的使用，依托“云上贵州”等大数据平台，丰富医保电子凭证与互联网医疗、智能监管等的深度融合新渠道。**丰富数字医疗产品与场景。**基于医疗信息平台，利用物联网等技术，实现患者与医务人员、医疗机构、医疗设备之间的多样化互动。优化智慧医院体系，在信息收集、存储、处理数字化的基础上，丰富智慧处方、远程探视、自动报警等数字化应用场景；打造区域卫生系统，建设公共卫生信息平台，协助医疗机构与科研机构做好数据共享，对病理研究、药品与设备开发、临床试验等信息进行综合管理；推广家庭健康系统，将智慧医疗应用场景细化到家庭，做好与医疗机构、公共卫生体系的数据对接，提供远程看护、健康监测、智能服药等服务。

四是发展智慧金融，促进资源优化配置。鼓励应用数字技术提升金融服务。推广智能客服应用，基于客户资产现状、理财目标、风险偏好、市场环境等数据，为客户提供个性化、多元化的投资组合；推动智能银行建设，通过线下银行网点和线上网上银行 App 相结合的方式为客户提供一站式、自助化、智能化的服务体验；推动智能监管普及，使用人工智能模型自动监督高频交易和量化交易，有效提高反洗钱监控效率。**鼓励利用大数据变革金融模式。**推动数据确权、数据定价相关法律法规建设，鼓励银行积极探索数字金融新模式和数据的多元化应用，如创新借贷抵押物、使用数据资产融资贷款等，加快促进数字金融与实体经济深度融合，推动数字经济蓬勃发展。

（二）因地制宜

县域经济是国民经济的基本组成单元，也是宏观经济与微观经济之间的桥梁。以区（县）为对象评估大数据与实体经济深度融合发展水平，既能实现更小单元格的区域融合现状摸底，也有利于加速区（县）产业集聚与数字化转型升级。自2021年起，贵州区（县）融合发展水平连续两年被纳入市县高质量考核，各地更加积极主动地推动融合工作，但区（县）融合发展不平衡不充分问题明显，2022年阶梯差高达26.1。其中融合发展水平在55以上的有观山湖区、南明区、云岩区、花溪区、红花岗区5个地区，平均融合发展水平为60.7，显著高于全省平均水平；融合发展水平在40~55的有34个地区，平均融合发展水平为47.1，与第一梯队差距逐步缩小，发展潜力逐步显现；融合发展水平在20~40的有49个地区，平均融合发展水平为34.6，发展基础较弱，支持力度有待进一步加大。要坚持**“抓两头、带中间”**，推动融合成效好的地区立标杆、做表率，在构建大中小企业融通发展的创新生态上发力，在全省培育更多行业级赋能平台，打造更多行业标杆项目；对于整体发展薄弱的地区，突出问题导向，持续夯实融合基础、补齐发展短板，奋起直追、不拖后腿，构建先进带动、后进转化、两头并进、中间向前的发展格局。

1. 发挥先进地区试点示范作用

贵州省大数据融合发展水平高的先进区（县）有众多企业开展大数据融合应用，数字产业已形成一定规模，数字经济发展水平较高，为数据价值的深入挖掘提供了良好基础。因此，先进地区要担当起全省探索数据价值新应用的排头兵，积极开展各类数字化试点工作与打造标杆项目，总结经验并在全省应用推广。

一是创新数据开发利用。在确保数据安全及用户隐私的前提下，发挥先进地区大数据发展优势，开展数据创新应用试点，拓展多样化数据价值开发利用渠道，以产业发展需要为导向，鼓励科研院所、企业等多方科研主体参与到数据价值的挖掘中，创新各类数据的良性互动、融合应用，完善创新成果应用及转化机制，推动数据价值产品化、服务化。**二是推广数字应用场景**。先进地区要积极推广数字技术新应用场景，鼓励智慧交通、智慧教育等新产品与新服务在更多区域落地，建立健全服务于新应用场景的管理体系，引导平台企业、数字技术服务企业参与到新应用场景的推广工作中，不断完善数字技术新场景的相关配套，促进新应用场景工程化、产业化。**三是优化产业链协作**。围绕贵州省先进地区打造电子信息制造业、先进装备制造业等重点产业集群，支持龙头企业打造一批行业级数字化协作平台，引导更多中小型企业参与到产业链协作中，强化重点产业数据资源集聚，优化产业链横向协作、纵向联动，促进企业间在供需数据互动、技术开发优化、新品推广应用等方面展开合作。**四是推广项目示范经验**。支持大数据、电子信息、健康医药等重点领域骨干企业开展全链条数字化转型，坚持推进“万企融合”及数字化转型标杆项目培育及跟踪认定工作，形成一批可复制的成功方法与典型案例，推广数字化转型的先进经验。

2. 提高潜力地区产业融合质量

贵州省大数据融合发展水平较高的区（县）产业基础扎实、区域特色明显、比较优势突出。基于自身产业结构特点，通过打造特色产业园区，加快政策普及、要素流通与技术共享，有利于打造优势产业集群。大数据融合发展水平较高的地区有鲜明的发展特点与潜力，针对优势产业进一步深化数字技术应用，优化营商环境，完善数字化服务，吸引更多创新型企业入驻与重点项目落地。

一是优化营商环境。利用大数据平台，建立和完善企业项目服务机制。构建网上办理的市场准入、产品管理、收费缴费标准化服务体系，推广线上一站式服务平台，对市场主体登记与项目落地进行全流程服务，为高新技术企业进驻发展与重大项目落地提供便利。**二是推动产业园区数字化管理。**园区是推进产业高质量发展的主战场，产业园区数字化管理有利于充分发挥园区的集群效应，提升园区发展能级。引导产业集聚与数据集聚协同推进，整合产业数据、园区数据、企业数据等关键资源数据，为管理部门决策制定提供科学的数据支撑；打造产业园区数字化管理平台，对园区内环保、安防、物流等方面进行精准高效管理，完善产业园区配套服务体系，提升企业服务供给能力和水平。**三是发展产业数字融合新模式。**立足于地区优势产业，培养数字化新模式新业态，一方面是创新企业数字化应用，因地制宜、因业施策，鼓励优势企业充分利用数据价值与数字技术巩固传统优势、加强薄弱环节，更好地发挥比较优势。另一方面是发展服务于企业的新模式新业态，支持平台企业整合优化数据资源，全面推动本地产业链上下游数据对接、信息共享。依托本地产业发展优势，培育智慧营销、智慧物流、数字交通等数字化新业态，为企业发展提供智慧服务，并尝试将新业态打造为城市数字经济发展的新增长极。

3. 提升薄弱地区产业融合发展水平

贵州省部分地区大数据融合发展基础较为薄弱，融合发展水平有待进一步提升。经过五年的数实融合发展，这些地区已形成良好的大数据融合与数字化转型观念，接下来应充分吸收融合发展水平较高地区的经验，抓重点、抓方法、抓监管、抓落实，在重点领域开展数字化转型应用，引领核心企业，打造标杆项目，推动地区融合发展水平的提升。

一是推广成熟数字化产品服务。有针对性地宣传适用的典型标杆融合案例，引导企业应用云平台、物联网等较为成熟的数字化技术，针对转型需求迫切的环节开展转型应用。在重点领域重点环节数字化转型取得成效的基础上，由点及面向全业务全流程数字化转型延伸拓展。**二是培育种子企业，落实重点项目。**建立一批数字化种子企业培育名录及项目库，区（县）各部门与种子企业、重点项目协同联动，加强名录企业运营监管和项目库重点项目建设调度，强化政策、资源等方面的保障与配套服务支持，帮助种子企业顺利度过数字化转型的阵痛期，以种子企业与重点项目为抓手，在大数据融合薄弱地区形成易于推广的本地经验。

（三）夯实底座

1. 加快新型基础设施建设

自"万企融合"大行动实施以来，贵州省大数据与实体经济深度融合发展水平不断提高，产业基础愈发完善。截至 2022 年底，贵州省已推动 2.5 万余家企业上云用云，其中，工业云平台应用率从 2018 年的 38.4%上升到 2022 年的 52.5%，位居全国第 11，企业"乘云而上"加快转型步伐。下一步，贵州省应趁热打铁，充分利用资源优势，面向产业数字化转型发展需要，加快统筹建设算力基础设施、优化网络基础设施、升级融合基础设施、部署创新基础设施，为数字经济与实体经济进一步融合发展筑牢根基。

一是统筹算力基础设施建设。优化数据中心布局，推动数据中心向贵安新区集中，加快形成全国一流的超大型数据中心集聚基地，引导数据中心规模化、集约化、绿色化发展。**推进枢纽节点建设，**加快全国一体化算力网络国家（贵州）枢纽节点建设，开展数据中心登记造册，提高数据中心上架率，建立算力资源统筹调度的一体化服务体系，提升算力服务品质和利用效率。推进跨区域协作，推动贵州枢纽与其他枢纽的密切合作，建立常态化沟通机制，推动运营商及大型互联网企业内部跨区域算力协作、与省外算力需求方加强对接，聚焦数据中心建设、软硬平台互通、网络高速直连等形成供方统建、需方自建、合作共建等项目模式。

二是推动网络基础设施优化。推进“双千兆”网络建设应用，推进5G独立组网建设，深化5G网络共享，推进5G赋能“四化”建设；加快超高速光纤网络建设，打造第五代固定通信网络（F5G）全光底座、支撑“千兆家庭、万兆楼宇、T级园区”的光纤覆盖能力。**推进物联网全面发展。**推进2G/3G移动物联网业务迁移转网，加快推动形成窄带物联网（NB-IoT）、4G（含LTE-Cat1）和5G协同发展的移动物联网综合生态体系，在全域范围内打造支持固移融合、宽窄结合的物联网接入能力。**加快工业互联网建设。**构建覆盖各市（州）、各行业的工业互联网网络体系，加快工业互联网标识解析体系规模化应用推广。支持重点领域龙头企业推进跨领域综合型、面向重点行业的特色型以及面向特定技术领域的专业型等多层次工业互联网平台建设，加快基础工业软件和工业App开发与应用推广。

三是推进融合基础设施建设。推动传统基础设施数字化改造。

推动互联网基础设施与水、电、路、管、油气网同步规划、设计、建设、运维管理，实现全要素、全周期数字化管理；优先在事故易发区、重要设备及重点线路等关键区域推动智能感知网络建设，实现全天候、精准状态感知；试点推动智能网联汽车、能源互联网、“5G+VR”智能巡检和远程运维、基础设施全生命周期管理等应用。**推动智慧产业基础设施建设**。加速新型工业化，持续推动工业企业上云上平台，加快重点工业企业全流程、全产业链智能化改造；深化数字乡村建设，推进农业生产监测、农产品溯源、农产品产销对接等重点平台建设，加快农业生产、管理、储运、流通和农村地区冷链物流等基础设施的数字化融合升级；加快数字技术赋能服务业提档升级，在文化、旅游、物流等领域建设和升级一批大数据平台和公共服务平台，推动服务业向精细化、高品质转变。**加强智慧民生基础设施建设**。运用5G、虚拟现实、大数据、人工智能等技术，推动教育、医疗、金融等民生服务设施区域化、互联网化、智能化发展，打造一批省级数字便民惠民试点示范项目，以点带面提升全省民生服务水平。**加快数字治理基础设施建设**。优化完善全省统一的数据共享交换平台，促进政务数据跨部门、跨区域共享，提高业务协同办理效率。推动各市（州）加快完善城市大脑和社会“神经元”系统，深化城市运行“一网统管”。

四是部署创新基础设施。完善科技基础设施建设。优化重大科学研究平台、科技创新基地布局，积极争取大数据安全等数字技术核心领域的大科学装置落地贵州，依托科技重大专项加快培育重点实验室及工程技术中心。**梯次构建产业技术创新基础设施**。在贵阳贵安、遵义等市（州），打造“云大物移智”特色产业集聚区，按照“储备一批、培育一批、升级一批”的思路强化项目储备，梯次推进“三中心两基地一示范”（制造业创新中心、企业技术中心、工业设计中心、产学研示范基地、小型微型企业创业创新示范基地、技术创新示范企业）建设。**布局共性技术创新基础设施。**聚焦政务、医疗、城市管理等领域，率先建设一批先进适用、示范性强的共性技术公共服务平台，提升应用创新支撑能力；强化安全多方计算、跨链协议、链上链下协同等区块链技术研究和攻关，持续推动区块链基础设施升级。

2. 推动数据交易模式探索

2022年，《中共中央　国务院关于构建数据基础制度更好发挥数据要素作用的意见》对外发布，从数据产权、流通交易、收益分配、安全治理等方面构建数据基础制度，提出20条政策举措。2023年，国家数据局成立，负责统筹数据资源整合共享和开发利用等，数据要素市场化建设加速推进。随着数实融合工作的推进，贵州省企业对数据应用广度及深度不断加大，数据要素的价值也逐步得到认可及重视。2022年贵州省服务业有26.8%的企业开展数据商业化探索，通过业务生产、运营等环节生成的数据及对应的服务获取收益。与此同时，贵州省数据交易市场建设尚未完善，企业端数据交易仍以“粗加工”为主，缺少统一定价标准和必要的监管保障，数据权属不明，数据质量难以得到保证。下一步，贵州省应加快推动数据要素相关政策完善落地，持续推进数据要素汇聚与流通，加快数据要素价值转换。

一是健全数据资源体系。完善省级政务数据共享机制，实现跨部门、跨地域数据共享共用。建设数据资源汇聚体系，建立和完善数据资源标准规范，健全省内数据资源目录体系。加强省级政府与相关部门数据共享机制建设，推进信息资源共享平台建设，促进跨区域、跨行业信息共享。在国家一体化大数据中心的基础上，建设全省政务数据统一资源池，健全基础数据库，加快推进政务服务事项、政策法规等政务服务库建设，建立以重点领域为导向的主题数据库，构成纵向贯通、横向连接的数据资源池，推进全省不同层级政务数据汇聚整合。**创新数据共享模式，建立以省级为主导、省域内城市间协同共享机制**。拓宽数据资源的获取渠道，加快推进数据汇聚范围由全省向西南地区和全国延伸，推动数据汇聚的范围由政务数据向包括社会数据在内的各个领域的公共数据扩展，加快政务数据、社会数据和经济数据的建设，加快互联网数据安全互通等，促进各个领域数据的有序聚合。**推进数据资源整合共享平台建设，加强省级数据共享交换系统互联互通**。建设一体化的省内大数据资源中心，形成覆盖全省、多元汇聚的格局，统筹协作，建立数据资源体系。推进数据资源整合共享机制建设，实现跨区域数据共享与交换，为各类主体提供统一数据服务。

二是探索数据流通体系。开展数据确权及定价服务试验。探索确立数据资产登记制度，制定数据资产定价规则，试点实施数据权属认定工作，规范和改进数据资产评价服务。鼓励科研院所、市场主体对数据产品、服务价格的形成机制、收益分配方式等进行探索，打造涵盖数据产品与服务全过程的数据资源价值变现体系。**推进数据流通技术应用**。鼓励企业、研究机构和其他主体以区块链和其他数字技术为依托，探索数据授权、数据溯源和其他应用，提高数据交易流通效率。**培育和发展数据交易平台**。构建以数据交易平台为核心，涵盖数据资源开发与服务、数据资产评估、登记结算、交易撮合、争议仲裁等内容的数据产业生态系统，完善数据交易平台的报价和询价、竞价与定价机制，探索协议转让问题、挂牌和其他形式数据交易模式，提升数据交易平台的服务质量。

三是培育数据流通生态。探索多样化数据开发利用机制。在确保数据安全、保障用户隐私的前提下，面向政府、公众及企业等主体，开展场景化应用的数据产品与服务交易市场试点，推动数据资源优势向数据要素产业优势转化，加快推进数据资源化、资产化、资本化。**激活数据交易流通市场。**鼓励金融机构开展数据流通与应用创新业务，为数据交易相关优质中小企业提供股权投资、引导基金、贷款担保等资金服务。培育一批数据商和第三方专业服务机构，面向市场提供数据产品开发、发布、承销和数据资产的合规化、标准化、增值化服务，壮大数据交易服务生态。

3. 强化信息安全保护

为使贵州省数据安全保护与大数据产业的快速发展协调同步，贵州省应全面提升对大数据的安全防护、管理及服务能力，保障数据的安全合法有序流动，保障贵州省数字经济健康发展。

一是提高安全防护能力。落实网络安全等级保护和关键信息基础设施安全防护制度，推动区块链加密、商用密码等技术应用。构建大数据安全风险预警机制，加快安全态势感知、测试和评估、预警处置和其他保障能力建设。加强大数据安全防范管理，对大数据安全风险和突发事件进行及时监测，做好监测预警和侦查打击工作，切实保护关键信息基础设施、重要网络及数据免受攻击、入侵和破坏。

二是优化大数据安全管理机制。完善大数据安全统筹协同工作机制，推进跨部门、跨地区条块融合工作联动，围绕国产自主可控产品技术构建智能安全监测和多层级智能化安全防护体系，加强日常监测预警及联合应急排练，确保大数据安全工作协同共治。建立大数据安全监督检查、共享调度、应急处置等的安全管理制度和工作机制，推动完善数据分类分级安全保护制度，加强政务数据、工业互联网、个人信息等重点领域大数据安全保护。

三是增强安全服务能力。强化落实大数据安全发展“1+1+3+N”（建设大数据及网络安全示范试点城市，建立国家级大数据安全靶场，建立大数据安全技术创新中心、应用示范中心、政府监管中心，建立N个技术平台组成的立体化监管、防护、应急体系）总体思路，深化大数据安全保护“八大体系”（大数据安全保护组织体系、大数据安全预防保护体系、大数据安全监管保护体系、大数据安全应急处置体系、大数据安全综合防护体系、大数据安全技术服务体系、大数据安全人才教育训练体系、大数据安全工作支撑体系）建设。鼓励科研院所、实验室、高校、企事业单位开展关键安全技术研发，培育涵盖大数据安全软硬件、系统测评认证、技术检测、风险评估和安全等级保护评测等领域的大数据安全产业。

（四）要素保障

1. 深化数字经济人才引培

数字经济人才是数字经济发展的核心驱动力，也是推动企业大数据技术应用发展的第一要素。受内陆地理环境与经济条件制约，贵州省数字经济人才与沿海发达地区差距较为明显，面对数字经济发展的新形势、新任务、新要求，贵州省数字经济人才规模、质量、结构与数字经济产业高质量创新发展要求匹配度低，高层次领军型人才相对匮乏，人才开发投入力度相对不足，数字经济人才开发的组织化程度不高，高水平人才发展平台不够丰富，人才开发工作机制不够健全，与全省数字经济产业发展需求不匹配。为更好地促进数字经济与实体经济融合，贵州省还需在数字经济人才引进、培养、服务等方面发力，激发人才活力，为全省高质量发展提供充裕的智力支持。

一是完善数字经济人才引进机制。优化人才引进政策，在全省范围内探索制定有吸引力、有竞争力的高精尖数字人才引进政策，完善落户、住房、教育、医疗等福利保障，加快引进一批既懂技术又懂产业的领军人才。**丰富人才引进渠道，**探索建立人才、产业、项目互动招引机制，鼓励各地区发挥各类平台载体作用，提升人才招引效能；支持各地区结合产业发展需要，制定退休人才、柔性人才引进办法，提供特色福利待遇。

二是健全数字经济人才培养体系。加强人才培养平台建设，充分利用东西部合作机遇，推动名校在贵州省内建立数字经济研究院和实践基地，实现学科建设与科研建设、人才引进与培养的协同发展。**推动数字经济人才培养计划制订，**引导省内高校集聚国内外优质教师与龙头产业企业力量，编制符合产业发展需要的数字经济人才培养方案与学科建设标准，调整招生计划和专业培养方向，扩大招生规模，形成特色培养优势。**推进数字经济人才培养模式落地，**建立数字经济专业联盟，打造学界、产业界“双导师”队伍，推动数字经济专业技术人才精准定向培养。支持高校开设相关专业课程，在省级教育经费等方面予以倾斜，支持高校深化教学改革，落实人才培养方案与学科建设标准，构建兼顾课程教育与实践研究的新型教学模式。**推进人才培养产学研合作，**鼓励本科高校、职业院校与科研院所、园区、企业创新合作方式，培养数字经济应用型、技能型、复合型人才，支持大数据产业用人单位开展订单式技术人才培养，支持科研机构、大数据企业与高校合作开展专业型硕士、博士联合培养。

三是创新数字人才服务方式。优化人才服务平台，鼓励人力资源和社会保障部门与数字经济产业相关园区共建人才交流服务平台，推进平台人才规范化建设，建立人才定期考核、动态调整与退出机制。**推动人才互动交流，**探索建立数字经济人才库，加强数字经济人才资源统计监测，支持院校、科研机构设立流动岗位，促进产业高层次人才共享共用，吸收企业家及高级技术技能人才兼职兼薪。

2. 增强数字创新能力

数字创新能力是数字经济持续发展的动力来源。贵州省是全国首个大数据综合试验区，在2022年发布的国发2号文件中被赋予了数字经济发展创新区的战略定位。贵州省需持续深化体制机制创新、加快关键技术突破、推进区域交流合作，为数字经济融合发展探索更多经验。

一是深化体制机制创新。加快政策法规体系完善，健全平台经济、共享经济、新个体经济等数字经济相关管理规范，依法依规加强互联网平台经济、无人驾驶、在线医疗、金融科技、智能配送等数字经济监管框架建设，促进企业创新发展。**推进创新"试验田"建设，**围绕数字经济建立试错容错纠错机制，实施柔性管理及审慎包容监管，推动数字经济绿色化、协同化、规范化发展。**探索改革创新模式，**围绕全国一体化大数据中心、公共数据资源开发利用、数据交易流通等方面，加快模式与立法探索，形成大数据领域改革新成果。**加强知识产权保护，**构建充分体现知识、技术等创新要素价值的收益分配机制，保障创新因子涌流。

二是加快关键技术突破。加快关键技术基础应用。加快推进大数据、云计算、高性能计算、区块链、大数据安全等在核心电子器件、国产数据库等方面基础性、应用性技术突破。**强化技术产业支撑能力。**推进数字基础设施关键技术和应用技术协同攻关平台建设，推进5G增强技术、6G技术研发和5G极简网络、超大宽带、超低时延等关键技术验证。加快建设贵阳大数据产业技术创新试验区，推进关键技术自主化，提升关键技术对产业发展支撑能力。**深化技术创新支撑载体建设。**强化以大数据引领的创新驱动发展，推进省部共建公共大数据重点实验室，开展省级大数据创新中心、创新创业基地认定与培育。**推动大数据科技成果转化。**发挥贵州科学城、贵阳大数据科创城、花溪大学城等创新平台作用，大力推进数字经济关键共性技术攻关和科技成果转移转化，支持大数据龙头企业、省内外高校和科研机构联合打造研发中心、技术产业联盟，成立核心技术研发投资公司，推动技术产业化高效转化。

3. 推进区域交流合作

近年来，贵州抢抓全国一体化算力网络国家（贵州）枢纽节点建设机遇，持续释放数据流动性，深化区域交流合作，实现省级层面跨域信息互联互通、数据共享共用，探索跨省域数据合作的创新标准。下一步贵州省要积极参与国内外数字经济相关产业交流合作，充分利用数字技术与数据价值，将数字经济先发优势转变为持续竞争力优势。

一是深化区域协同发展。构建区域协同联动机制。主动与国家区域发展战略接轨，与京津冀、长三角、粤港澳、成渝地区等区域构建联动机制。**加强跨区域产业合作。**充分发挥泛珠三角区域合作机制，深化开展信息技术等产业合作。推进京津冀与贵州两区四地之间数据资源交换共享和协同应用。加大渝黔两地在基础设施、大数据等领域合作力度，加强与四川在大数据等产业的协同合作。**打造数据产业交流生态圈。**以数据要素为纽带，推动跨区域产业合作、数据流通共享和开发利用，构建跨区域产业生态圈。

二是扩大对外交流合作。高质量举办数博会、生态文明论坛、酒博会、贵商大会等对外交流会议，探索建立涵盖数字经济要素融通、供需匹配等全方位合作交流体系。加快打造数字服务出口品牌，支持数字服务企业加强研发创新，深入探索数字服务贸易新技术、新模式，积极开拓国外市场，打造一批省级数字服务出口基地和重点企业。主动融入数字丝绸之路、“一带一路”信息通道、西部陆海新通道建设，推进跨境数据处理应用，把贵阳打造成为数字丝绸之路重要节点，推进与东盟、南亚在大数据、信息技术等领域合作。加强数字经济国际合作，支持国际知名大数据企业“走进来”，扶持本地数据企业“走出去”，在数字政府建设、物流信息化平台、大数据解决方案、云链服务等领域开展国际交流合作。

附 录

附录1

贵州省市（州）大数据与实体经济融合关键指标

附表 D1-1　2022 年贵州省大数据与实体经济深度融合发展关键指标

内容	指标	水平
整体	总体水平	44.5
	第一产业发展水平	43.2
	第二产业发展水平	45.2
	第三产业发展水平	44.1
第一产业	应用电子商务的企业比例	64.1%
	应用传感器数据的企业比例	31.8%
	实现全程质量追溯的企业比例	21.3%
第二产业	基于大数据实现业务创新的企业占比	19.5%
	数字化研发设计工具普及率	69.6%
	关键工序数控化率	50.3%
	智能制造就绪率	9.1%
第三产业	基于数据实现市场与精准营销的企业比例	52.1%
	基于数据实现客户关系管理的企业比例	45.3%
	基于数据实现企业运营管理的企业比例	42.4%

附表 D1-2　2022 年贵阳市大数据与实体经济深度融合发展关键指标

内容	指标	水平
整体	总体水平	55.2
	第一产业发展水平	52.1
	第二产业发展水平	54.6
	第三产业发展水平	56.2
第一产业	应用电子商务的企业比例	82.0%
	应用传感器数据的企业比例	43.6%
	实现全程质量追溯的企业比例	29.9%
第二产业	基于大数据实现业务创新的企业占比	24.5%
	数字化研发设计工具普及率	78.6%
	关键工序数控化率	55.1%
	智能制造就绪率	16.6%
第三产业	基于数据实现市场与精准营销的企业比例	60.5%
	基于数据实现客户关系管理的企业比例	54.1%
	基于数据实现企业运营管理的企业比例	48.9%

附表 D1-3　2022 年遵义市大数据与实体经济深度融合发展关键指标

内容	指标	水平
整体	总体水平	44.7
	第一产业发展水平	44.3
	第二产业发展水平	47.2
	第三产业发展水平	42.8
第一产业	应用电子商务的企业比例	75.2%
	应用传感器数据的企业比例	41.9%
	实现全程质量追溯的企业比例	28.2%
第二产业	基于大数据实现业务创新的企业占比	21.3%
	数字化研发设计工具普及率	71.4%
	关键工序数控化率	46.9%
	智能制造就绪率	11.5%
第三产业	基于数据实现市场与精准营销的企业比例	44.9%
	基于数据实现客户关系管理的企业比例	43.5%
	基于数据实现企业运营管理的企业比例	41.8%

附表 D1-4　2022 年六盘水市大数据与实体经济深度融合发展关键指标

内容	指标	水平
整体	总体水平	44.6
	第一产业发展水平	45.5
	第二产业发展水平	44.5
	第三产业发展水平	44.7
第一产业	应用电子商务的企业比例	77.8%
	应用传感器数据的企业比例	39.3%
	实现全程质量追溯的企业比例	23.5%
第二产业	基于大数据实现业务创新的企业占比	21.2%
	数字化研发设计工具普及率	58.5%
	关键工序数控化率	47.3%
	智能制造就绪率	7.1%
第三产业	基于数据实现市场与精准营销的企业比例	58.7%
	基于数据实现客户关系管理的企业比例	49.6%
	基于数据实现企业运营管理的企业比例	48.8%

附表 D1-5　2022 年黔南州大数据与实体经济深度融合发展关键指标

内容	指标	水平
整体	总体水平	42.3
	第一产业发展水平	43.5
	第二产业发展水平	41.2
	第三产业发展水平	42.8
第一产业	应用电子商务的企业比例	60.9%
	应用传感器数据的企业比例	34.3%
	实现全程质量追溯的企业比例	22.0%
第二产业	基于大数据实现业务创新的企业占比	16.3%
	数字化研发设计工具普及率	64.5%
	关键工序数控化率	46.4%
	智能制造就绪率	3.7%
第三产业	基于数据实现市场与精准营销的企业比例	46.8%
	基于数据实现客户关系管理的企业比例	41.1%
	基于数据实现企业运营管理的企业比例	41.9%

附表 D1-6　2022 年铜仁市大数据与实体经济深度融合发展关键指标

内容	指标	水平
整体	总体水平	41.7
	第一产业发展水平	41.9
	第二产业发展水平	41.0
	第三产业发展水平	43.5
第一产业	应用电子商务的企业比例	68.9%
	应用传感器数据的企业比例	27.7%
	实现全程质量追溯的企业比例	18.1%
第二产业	基于大数据实现业务创新的企业占比	14.3%
	数字化研发设计工具普及率	58.7%
	关键工序数控化率	48.8%
	智能制造就绪率	7.9%
第三产业	基于数据实现市场与精准营销的企业比例	46.2%
	基于数据实现客户关系管理的企业比例	44.8%
	基于数据实现企业运营管理的企业比例	42.1%

附表 D1-7　2022 年毕节市大数据与实体经济深度融合发展关键指标

内容	指标	水平
整体	总体水平	41.6
	第一产业发展水平	44.1
	第二产业发展水平	41.6
	第三产业发展水平	41.6
第一产业	应用电子商务的企业比例	55.5%
	应用传感器数据的企业比例	26.8%
	实现全程质量追溯的企业比例	21.7%
第二产业	基于大数据实现业务创新的企业占比	17.9%
	数字化研发设计工具普及率	70.9%
	关键工序数控化率	51.2%
	智能制造就绪率	8.3%
第三产业	基于数据实现市场与精准营销的企业比例	42.4%
	基于数据实现客户关系管理的企业比例	39.8%
	基于数据实现企业运营管理的企业比例	40.3%

附表 D1-8 2022 年黔西南州大数据与实体经济深度融合发展关键指标

内容	指标	水平
整体	总体水平	41.5
	第一产业发展水平	36.9
	第二产业发展水平	41.4
	第三产业发展水平	41.9
第一产业	应用电子商务的企业比例	57.7%
	应用传感器数据的企业比例	23.4%
	实现全程质量追溯的企业比例	11.2%
第二产业	基于大数据实现业务创新的企业占比	16.2%
	数字化研发设计工具普及率	74.7%
	关键工序数控化率	38.0%
	智能制造就绪率	10.3%
第三产业	基于数据实现市场与精准营销的企业比例	45.0%
	基于数据实现客户关系管理的企业比例	39.0%
	基于数据实现企业运营管理的企业比例	40.9%

附表 D1-9 2022 年安顺市大数据与实体经济深度融合发展关键指标

内容	指标	水平
整体	总体水平	41.3
	第一产业发展水平	36.6
	第二产业发展水平	41.7
	第三产业发展水平	41.0
第一产业	应用电子商务的企业比例	57.8%
	应用传感器数据的企业比例	14.9%
	实现全程质量追溯的企业比例	10.1%
第二产业	基于大数据实现业务创新的企业占比	18.3%
	数字化研发设计工具普及率	67.9%
	关键工序数控化率	39.1%
	智能制造就绪率	7.8%
第三产业	基于数据实现市场与精准营销的企业比例	33.9%
	基于数据实现客户关系管理的企业比例	38.8%
	基于数据实现企业运营管理的企业比例	38.2%

附表 D1-10　2022 年黔东南州大数据与实体经济深度融合发展关键指标

内容	指标	水平
整体	总体水平	39.1
	第一产业发展水平	39.2
	第二产业发展水平	37.5
	第三产业发展水平	39.3
第一产业	应用电子商务的企业比例	42.2%
	应用传感器数据的企业比例	14.5%
	实现全程质量追溯的企业比例	20.1%
第二产业	基于大数据实现业务创新的企业占比	13.8%
	数字化研发设计工具普及率	68.3%
	关键工序数控化率	46.8%
	智能制造就绪率	7.2%
第三产业	基于数据实现市场与精准营销的企业比例	31.6%
	基于数据实现客户关系管理的企业比例	36.9%
	基于数据实现企业运营管理的企业比例	35.7%

附录 2
贵州省大数据与实体经济融合参评样本情况

近五年，贵州省大数据与实体经济深度融合发展水平评估工作共收集了 8.5 万份企业评估数据，经数据清洗后，共剔除掉异常、单年重复填报、无效等样本 8331 家，样本有效回收率达 90.2%，参评样本具体情况如下所述。

一　区域分布情况

大数据与实体经济融合发展评估评价工作所选样本企业按所属区域维度来看，贵阳市填报样本企业最多，占比为 21.1%；其次是遵义市，样本企业占比为 16.3%；再次是黔南州，样本企业占比为 14.7%；其余市（州）占比在 7%～10%，区域样本企业数量比例基本覆盖区域实际企业数量比例，因此，样本评估情况可信。具体情况如附图 D2-1 所示。

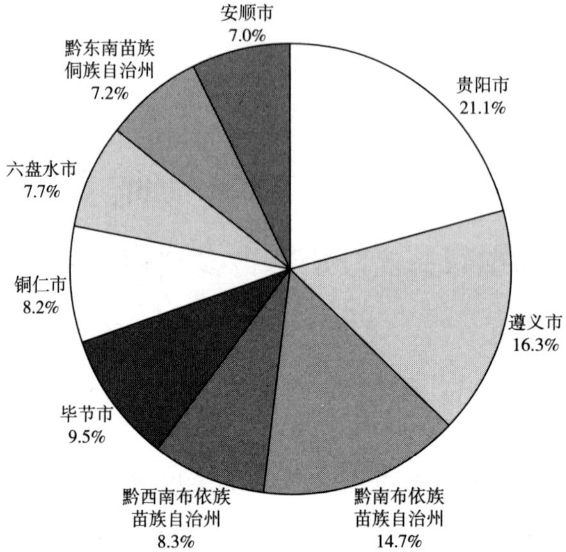

附图 D2-1　2018~2022 年贵州省各市（州）大数据与实体经济融合参评分布

二　行业分布情况

从参评企业所属产业来看，评估样本企业行业分布情况如附图 D2-2、附图 D2-3 所示，其中第一产业占 2.9%，第二产业占 45.2%，第三产业占 51.9%。其中，制造业、建筑业和其他服务业等行业样本企业数量较多，占比分别为 23.3%、21.5%、21.2%，具体如附图 D2-3 所示，样本企业具有良好的行业代表性，可以客观地反映贵州省大数据与实体经济融合发展的真实水平。

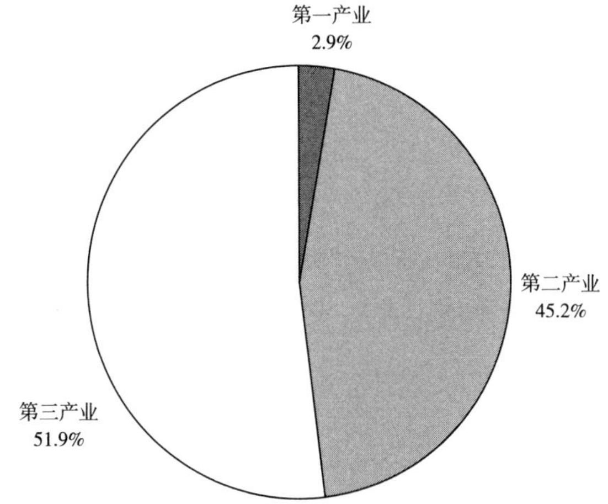

附图 D2-2　2018～2022 年贵州省大数据与实体经济融合参评企业产业分布

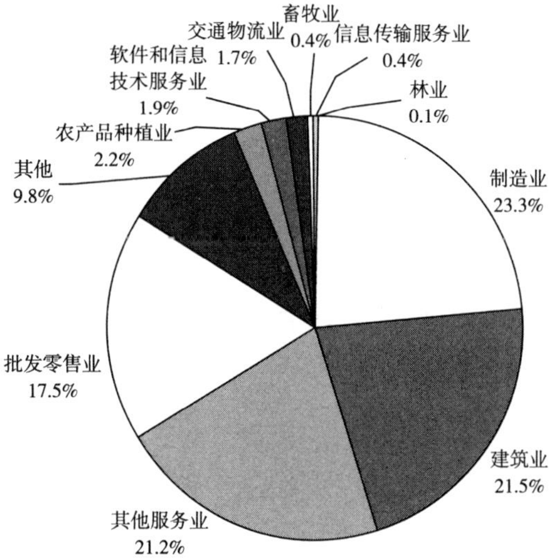

附图 D2-3　2018～2022 年贵州省大数据与实体经济融合参评企业行业分布

三 生产类型分布情况

样本企业生产类型分布情况如附图 D2-4 所示，私营企业的样本企业比例最高，达到 76.1%，国有企业样本企业比例次之，为 11.2%；集体所有制企业、港澳台投资企业、外商投资企业、中外合资企业的样本企业比例较小，均低于 1%。

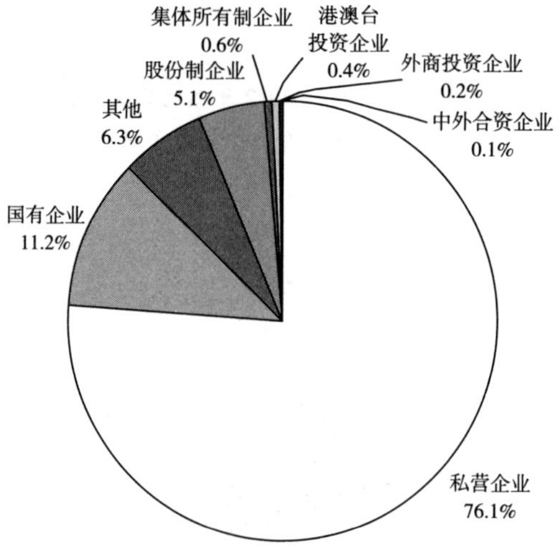

附图 D2-4 2018~2022 年贵州省大数据与实体经济融合参评企业生产类型分布

四 规模分布情况

从样本企业规模维度看，大型企业所占比例为 1.5%；中型企业占 6.2%；小微企业占样本总量的 92.3%，贵州省大数据与实体经济融合发展参评样本企业规模分布如附图 D2-5 所示。

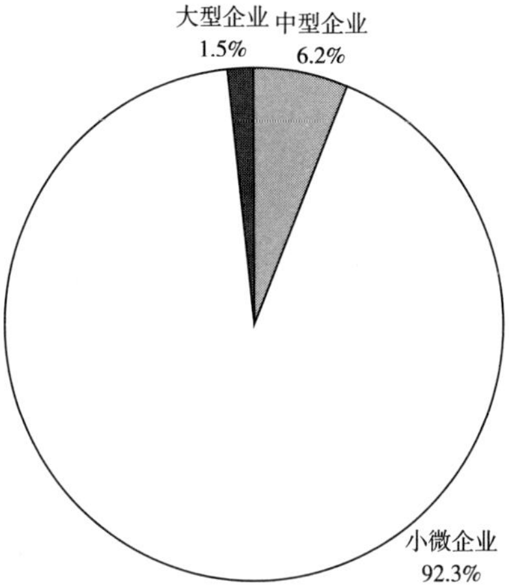

附图 D2-5　2018~2022 年贵州省大数据与实体经济融合参评企业规模分布

附录 3

贵州省大数据与实体经济融合评估体系介绍

大数据与实体经济融合评估体系旨在推进国家大数据（贵州）综合试验区建设，加快大数据与实体经济深度融合，激发数据要素活力，赋能实体经济高质量发展。评估体系以《工业企业信息化和工业化融合评估规范》（GBT23020-2013）等国家标准为基础，并紧紧围绕大数据赋能实体经济、推动经济社会发展的战略需求，突出理论创新性和实践可操作性，对全国两化融合评估体系进行深化提升，将评估领域从工业延伸到农业、服务业等国民经济全行业，将评估深度拓展到大数据在企业各个关键环节的渗透应用。为更加全面、科学、系统地推进大数据与实体经济融合评估工作，贵州省制定实施了《大数据与实体经济融合评估规范 第 1 部分：总则》（DB52T 1548.1-2020）地方标准。

本评估规范从理论和实践层面探索出一条指导大数据与实体经济深度融合的新路径。对于实体经济企业，通过该评估体系可以评估企业自身大数据融合应用水平及各项指标在行业内所处的位置，指导企业梳理大数据应用路径、精准实施大数据应用方案。对于各级各部门，通过该评估体系可以评估本领域、本区域大数据融合应用水平及所处的融合发展阶段，指导各地区明确融合工作重点、制定融合工作政策，支撑各行业、各地区、各企业深入推进大数据与实体经济深度融合。

一　评估体系框架

《大数据与实体经济融合评估规范　第1部分：总则》较为系统地描述了大数据与实体经济深度融合的内涵、边界和相关要素，系统性构建了大数据与实体经济深度融合评估基础理论，明确了企业大数据与实体经济深度融合的概念和体系框架。适用于实体经济各行业企业开展大数据融合应用自评估，以及为各行业、各地区开展大数据与实体经济融合评估提供指导和参考依据。评估体系框架包括水平与能力评估和效能与效益评估两个部分。水平与能力评估包括融合基础、融合应用、融合生态三个评估方面，效能与效益评估为融合效益评估方面，具体如附图D3-1所示。

2021年贵州省首次以区（县）为单位开展大数据与实体经济深度融合发展评估体系研制及融合发展水平测算工作，2022年持续优化宏微观评估体系框架。该框架设计原则如下。**一是融合宏、微观数据，构建系统性指标体系。**继续沿用《大数据与实体经济融合评估规范　第1部分：总则》地方标准中微观（企业）融合评估指标体系框架，新增融合生态部分，评估企业在内部部门数据集成、外部上下游企业协同，以及通过数据要素帮助企业增加资金流的数据信贷新业态发展情况；此外，将原融合创新囊括进融合效益中的竞争力内容。该指标体系的

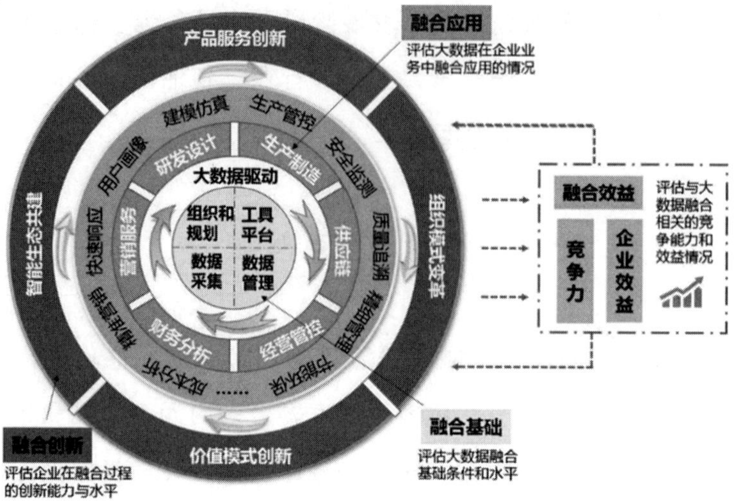

附图 D3-1　大数据与实体经济融合评估体系框架

设计注重结构系统性，增加了宏观层面的评估指标。通过构建宏观［区（县）］和微观（企业）统计数据相结合的评估体系，综合评价区（县）的融合发展水平，为系统分析研判县域大数据与实体经济融合发展现状、未来潜力提供科学依据。**二是纳入多元监测指标，采集动态性指标数据。**指标数据的采集既包含统计年鉴、工作报告、走访调研等“填报式”数据，也纳入了通过贵州省大数据与实体经济深度融合评估服务系统中评估问卷的“采集式”数据，同时，基于系统中评估模型获取的“测算式”数据。可根据监测评估需求实现动态更新，在保持指标体系先进性和可扩展性的同时，有效增强了监测评估信度和效度。

以区（县）大数据与制造业深度融合为例，宏观数据和微观数据的评估体系如附图 D3-2a、附图 D3-2b 所示。

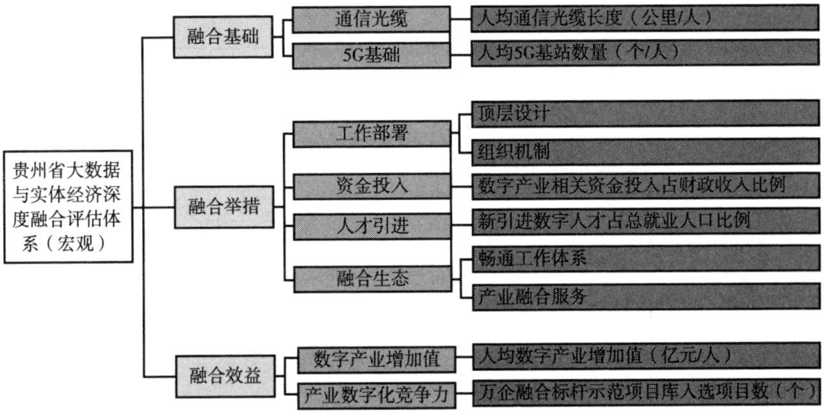

附图 D3-2a　区（县）大数据与制造业深度融合宏观评估体系

二　评估体系特征

评估体系明确了企业大数据与实体经济深度融合的概念和内涵，提出了企业融合发展水平评价的三条主线、三个阶段和三次产业。

一是三条主线。融合应用、融合创新的评估内容遵循了《大数据与实体经济融合评估规范　第 1 部分：总则》（DB52T 1548. 1-2020）地方标准的分析维度，围绕全产业链、全生命周期以及企业研发、生产、销售各个环节进行构建。融合应用评估主要从产品、企业管理、价值链三个维度展开。其中主要评估内容包括研发设计、生产制造、供应链、财务分析等方面业务的融合应用情况；融合创新评估包括产品服务创新、组织模式变革、价值模式创新等方面。

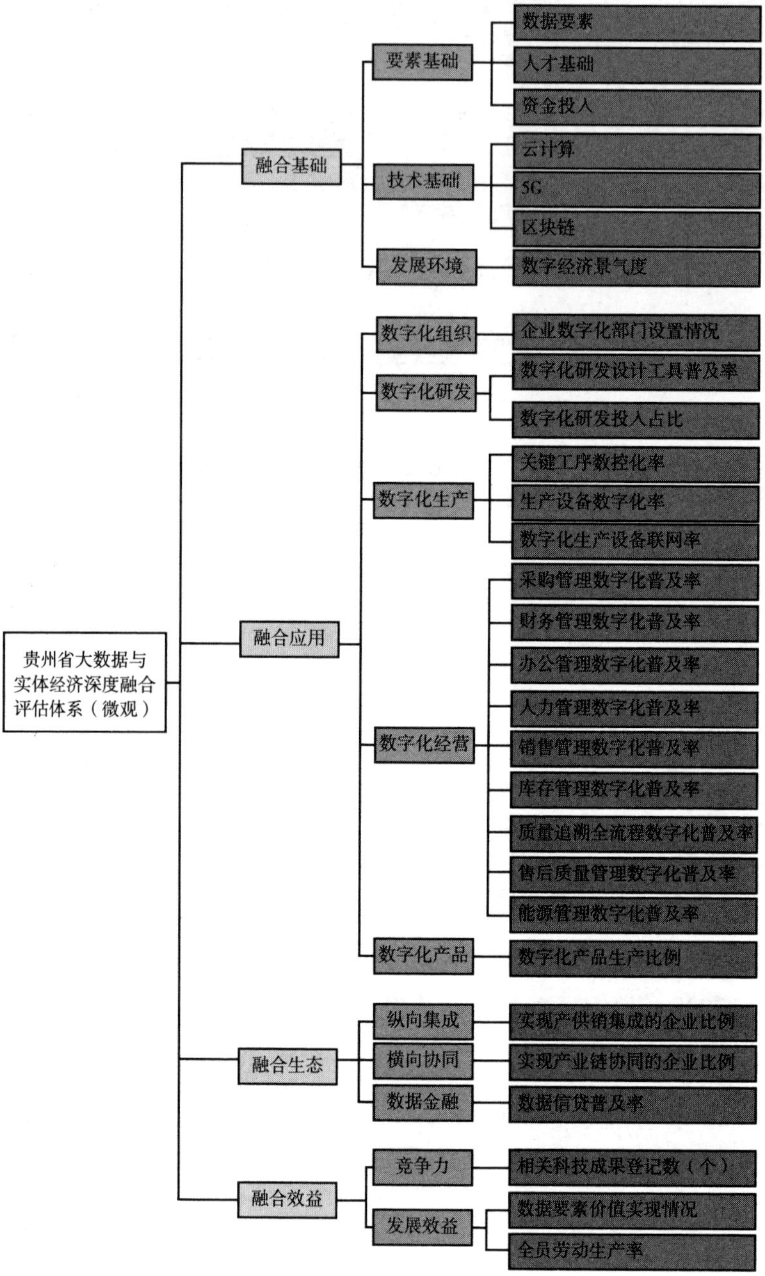

附图 D3-2b　区（县）大数据与制造业深度融合微观评估体系

二是三个阶段。大数据与实体经济深度融合进程可分为起步建设阶段（融合初级阶段）、汇集应用阶段（融合中级阶段）和创新突破阶段（融合高级阶段）三个阶段。

附表 D3-1　大数据与实体经济融合发展阶段及内涵描述

融合发展阶段	内涵描述
起步建设阶段（初级）	企业正初步引入数字化应用系统，逐步夯实大数据与实体经济融合基础设施和条件，但数字化应用系统在企业单项业务环节的应用刚刚起步，尚不深入。对于处于该阶段的企业，推进大数据与具体业务的融合，首先需要夯实数据采集和存储的基础，形成后续基于数据要素开展分析、开发、支撑决策的基础
汇集应用阶段（中级）	企业已基本具备大数据融合基础，开始在各业务环节中收集并应用产品数据、运营数据、价值链数据、外部数据等数据，积极探索不同环节之间数据的自由流动和有效交互，并逐步开展分析、判断、决策、优化和控制等应用。在实现业务系统集成的基础上，数据要素和数据分析结果在智能生产设备之间集成运作
创新突破阶段（高级）	企业在汇集应用的基础上，实现了跨企业的业务协同和模式创新，融合创新突破企业内部边界，企业实现了数据的全面感知、收集、系统应用，数据要素在企业与企业之间、行业与行业之间进行交互共享，数据要素驱动下的新模式、新业态逐步出现

三是三次产业。贵州省大数据与实体经济深度融合发展水平评估体系率先将评估领域从工业延伸到农业、建筑业、服务业等国民经济全行业，在理论层面上构建了涵盖第一、二、三产业深度融合的发展水平评估体系，实现了三次产业全面覆盖，覆盖第一、二、三产业 100 余个细分行业。

三　应用支撑体系

贵州省大数据与实体经济深度融合评估体系形成了较为完善

的应用支撑体系，具体涵盖1个评估规范，面向农业、工业、服务业三次产业的8套评估方案（包括指标体系、评分模型等），研制形成大数据与农业、林业、建筑业、电力（包括发电企业、电网企业）、制造业（包括流程生产型、混合生产型、离散生产型，其中离散生产型又包括离散大批量、离散复杂单件、离散中小批量）、采掘、服务业（包括交通物流，批发零售，信息传输、软件和信息服务，服务业通用）深度融合发展水平等25套行业评估问卷，如附图D3-3所示。

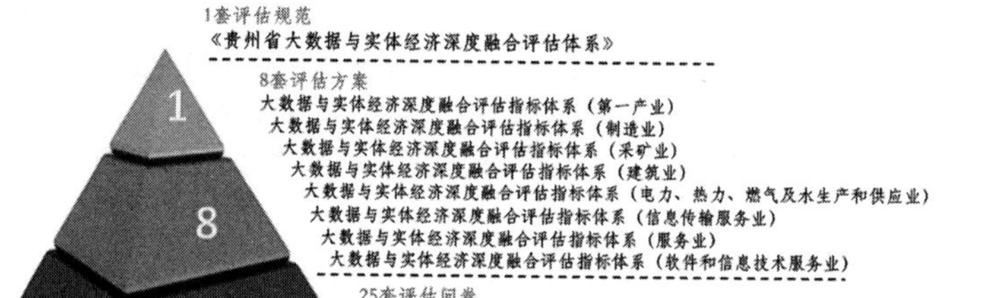

产业	问卷方向
第一产业	种植业、畜牧业、林业、渔业、第一产业其他行业
第二产业	纯流程行业，混合行业，离散大批量，离散中小批量，离散单件，采掘业，水、电、热力生产与供应行业，建筑业
第三产业	批发零售业，餐饮业，金融业，教育业，交通运输，仓储和邮政业，旅游业，住宿业，卫生，租赁和商务服务业、文化、体育和娱乐业，软件和信息技术服务业，信息传输服务业、第三产业其他行业

附图D3-3　大数据与实体经济深度融合评估应用支撑体系

基于贵州省大数据与实体经济深度融合评估体系形成的应用体系具有较强的实践性，在贵州省进行了广泛的推广应用，并作为国家评估指标体系进行培育。在评估体系的应用过程中，通过搭建“贵州省大数据与实体经济深度融合公共服务平台”，将研制形成的《大数据与第一产业企业深度融合发展水平评估体系》《大数据与第二产业企业深度融合发展水平评估体系》《大数据与第三产业企业深度融合发展水平评估体系》等具体的评估解决方案（包括指标体系、评估问卷、评分模型等），嵌入贵州省大数据与实体经济深度融合公共服务平台中供企业填报，有效地支撑和服务全省企业开展自评估、自诊断工作，具体如附图 D3-4 所示。

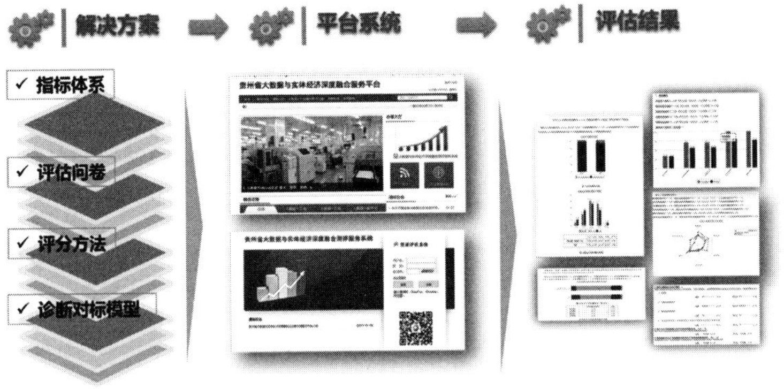

附图 D3-4 贵州省大数据与实体经济深度融合发展水平评估解决方案

贵州省大数据与实体经济深度融合公共服务平台的上线运行，为贵州省全面推广大数据与实体经济深度融合评估工作提供了工具和手段。大数据与实体经济深度融合评估工作的相关数据是在对企业开展评估服务的过程中收集、获取和整理而来的，能够在不增加企业风险和负担极小的前提下，解决数据的来源问题。通过对评估一手数据的研究分析，能够助推企业精准融合，也为**政府精准施策、市场精准服务和行业精准引导提供支撑**，有效实现数据从企业到政府再到企业的双向流动，使数据取之于企业、服务于企业，在形成数据驱动的精准施策新模式的同时，也为国家开展相关工作积累创新经验。

附录 4

贵州省“万企融合”大行动五年工作历程

贵州省实施“万企融合”大行动五年以来，累计组织宣讲培训 631 场、上门会诊服务 657 次、培训企业达 22800 余家；累计形成标杆项目 516 个、示范项目 5507 个，带动 1 万余家企业实施融合改造升级、2.5 万家企业乘“云”而上，三次产业融合发展持续深化。五年来的重点事件及“四化”成效如表 D4-1 所示。

附表 D4-1 贵州省“万企融合”五年历程重点事件

时间	重点事件
2018 年	**强化顶层设计，绘制融合蓝图。**贵州省人民政府印发《贵州省实施“万企融合”大行动打好“数字经济”攻坚战方案》，为产业融合擘画发展蓝图。同年，贵州省印发“云使用券”实施通知及管理细则，搭建平台提供云使用券全流程在线服务，多措并举激励企业上云用云
2019 年	**构建服务体系，完善工作部署。**建立“352”融合服务支撑体系，初步形成融合发展“贵州模式”。组织首届大数据与实体经济深度融合全国行贵州站活动，推动省内实体经济企业与全国大数据服务商交流对接，凝聚产业融合发展共识
2020 年	**发布标准指南，融合厚积薄发。**在全国率先研制并发布大数据融合评估地方标准《大数据与实体经济融合评估规范 第 1 部分：总则》，从理论和实践层面探索出一条指导大数据与实体经济深度融合的新路径。编制形成全国首个操作指南《贵州省大数据与实体经济深度融合实施指南》，在全国两化融合暨工业互联网平台大会权威发布。国家发改委将“贵州省创新发放‘云使用券’助力‘企业上云’的举措”作为数字化转型伙伴行动典型案例，并向全国推广。“数字经济提升行动系列培训会诊服务”入选工信部第二批中小企业数字化赋能服务产品及活动推荐目录。贵州成为全国首批数据管理能力成熟度评估（DCMM）试点地区

续表

时间	重点事件
2021 年	**完善融合评估,创新工作抓手。**随着融合工作逐渐深入,大数据与实体经济深度融合评估体系不断健全,在企业评估的基础上拓展了政府端评估体系,评估对象也从 9 个市(州)深入 88 个区(县),更系统、全面地展现贵州省县域大数据与实体经济发展现状及发展潜力。同年,区(县)大数据与实体经济深度融合发展水平被贵州省委、省政府纳入全省市县高质量考核体系
2022 年	**深化企业服务,释放数字红利。**开展大数据与实体经济深度融合系列宣讲培训 85 场次,上门会诊 354 家次,覆盖企业 2800 余家。贵州省产业数字化 GDP 比重持续提升,数字经济增速连续七年全国第一。全省的融合水平从 2017 年的 33.8 上升到 2022 年的 44.5,信息化和工业化融合水平首次进入全国第二梯队

附录 5

报告中特殊名词解释

万企融合：2018 年，为深入贯彻落实党的十九大精神和习近平总书记在贵州省代表团重要讲话精神，推进国家大数据综合试验区建设，加快大数据与实体经济深度融合，贵州省人民政府印发《贵州省实施“万企融合”大行动打好“数字经济”攻坚战方案》（黔府发〔2018〕2 号），提出到 2022 年，带动 10000 户以上实体经济企业与大数据深度融合，数字经济增加值占全省 GDP 比重达到 33%，引导推动各领域、各行业实体经济企业融合升级全覆盖。

“四新”“四化”：“四新”是习近平总书记赋予贵州的重大使命，为贵州“十四五”高质量发展注入了强大政治动力。“四化”是贵州贯彻落实习近平总书记重要指示精神的重大决策。2021 年 2 月，习近平总书记赴贵州考察时提出，希望贵州坚持稳中求进工作总基调，立足新发展阶段、贯彻新发展理念、构建新发展格局，坚持以高质量发展统揽全局，守好发展和生态两条底线，统筹发展和安全工作，**在新时代西部大开发上闯新路，在乡村振兴上开新局，在实施数字经济战略上抢新机，在生态文明建设上出新绩**，努力开创百姓富、生态美的多彩贵州新未来。由此，贵州省提出围绕“四新”主目标主攻**新型工业化、新型城镇化、农业现代化、旅游产业化**“四化”建设，奋力实现工业大突破、城镇大提升、农业大发展、旅游大提质，真正把“四新”变成实实在在的发展实绩和民生实惠。

大数据与实体经济融合发展水平：大数据与实体经济融合发展水平是贵州首创提出的衡量地区及企业大数据应用水平的评价指标，是基于贵州省大数据与实体经济融合评估体系，综合贵州省企业评估数据与区（县）政府评估数据的量化指标，简称“融合水平”。其中大数据与实体经济融合宏观发展水平是从区（县）政府端采集数据，从融合基础、融合举措、竞争力三个方面量化的综合指标。大数据与实体经济融合发展微观水平是从企业端采集数据，从融合基础、融合应用、融合生态、融合效益四个方面量化的综合指标。大数据与产业融合发展水平是综合政府宏观水平及产业微观水平的量化指标。

大数据与实体经济融合发展阶段：基于贵州省大数据与实体经济融合评估体系，大数据与实体经济深度融合进程可分为起步建设阶段（融合初级阶段）、汇集应用阶段（融合中级阶段）和创新突破阶段（融合高级阶段）三个阶段。其中**起步建设阶段**是指企业正初步引入数字化应用系统，逐步夯实大数据与实体经济融合基础设施和条件，但数字化应用系统在企业单项业务环节的应用刚刚起步，尚不深入的阶段。**汇集应用阶段**是指企业已基本具备大数据融合基础，开始在各业务环节中收集并应用产品数据、运营数据、价值链数据、外部数据等数据，积极探索不同环节之间数据的自由流动和有效交互，并逐步开展分析、判断、决策、优化和控制等应用的阶段。**创新突破阶段是指企业在汇集应用的基础上，实现了跨企业的业务协同和模式创新，融合创新突破了企业内部边界。数据要素在企业与企业之间、行业与行业之间进行交互共享，数据要素驱动下的新模式、新业态逐步出现。

后　记

实施“万企融合”大行动以来，贵州省数实融合经历了从理论到实践、从试点到推广、从探索到创新的发展历程。全省数字经济增速连续七年位居全国第一，大数据与实体经济深度融合发展水平达 44.5，较“万企融合”开局之年增长 20.6%，各行业关键环节数字化水平显著提升，全省上下全力以赴在实施数字经济战略上抢新机，持续为推动贵州高质量发展注入新动能。

当前，贵州省数实融合发展方式加快转变，质量效益持续提升，产业生态不断完善，为数字经济攀高创优高质量发展提供了有力支撑。2023 年 4 月，为深入贯彻落实党的二十大精神和习近平总书记对贵州一系列重要指示精神，巩固“万企融合”大行动发展成果，贵州省大数据发展领导小组办公室印发《贵州省“万企融合”大赋能行动工作方案》。贵州省将持续围绕“四新”主攻“四化”主战略及“四区一高地”主定位，按照“一业一指引、一业一标杆、一业一平台”的总思路，推动构建“全面铺开、重点突破”的发展格局，加快各领域、各地区全产业链数字化转型步伐，为全省及全国经济社会高质量发展做出更大贡献，为产业转型升级及数字中国建设探索经验。

图书在版编目（CIP）数据

数实相融助力数字经济高质量发展：以贵州省“万企融合”大行动为例 / 贵州省大数据发展管理局，国家工业信息安全发展研究中心主编．--北京：社会科学文献出版社，2023.7

ISBN 978-7-5228-1852-8

Ⅰ.①数… Ⅱ.①贵… ②国… Ⅲ.①信息经济-经济发展-研究-贵州 Ⅳ.①F492.3

中国国家版本馆 CIP 数据核字（2023）第 098444 号

数实相融助力数字经济高质量发展

——以贵州省“万企融合”大行动为例

主　　编 / 贵州省大数据发展管理局
国家工业信息安全发展研究中心

出 版 人 / 王利民
组稿编辑 / 邓泳红
责任编辑 / 宋　静
责任印制 / 王京美

出　　版 / 社会科学文献出版社 · 皮书出版分社（010）59367127
地址：北京市北三环中路甲 29 号院华龙大厦　邮编：100029
网址：www.ssap.com.cn
发　　行 / 社会科学文献出版社（010）59367028
印　　装 / 三河市东方印刷有限公司

规　　格 / 开　本：787mm × 1092mm　1/16
印　张：14.5　字　数：163 千字
版　　次 / 2023 年 7 月第 1 版　2023 年 7 月第 1 次印刷
书　　号 / ISBN 978-7-5228-1852-8
定　　价 / 89.00 元

读者服务电话：4008918866